明代都察院研究

陆振兴 著

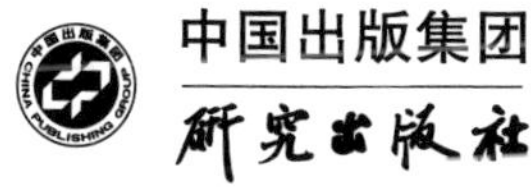

图书在版编目 (CIP) 数据

明代都察院研究 / 陆振兴著 . -- 北京 : 研究出版社 , 2021.9

ISBN 978-7-5199-1044-0

Ⅰ . ①明… Ⅱ . ①陆… Ⅲ . ①都察院 – 史料 – 中国 – 明代 Ⅳ . ① D691.42

中国版本图书馆 CIP 数据核字 (2021) 第 152405 号

出 品 人：赵卜慧

责任编辑：寇颖丹

明代都察院研究

MINGDAI DUCHAYUAN YANJIU

陆振兴 著

研究出版社 出版发行

（100011 北京市朝阳区安华里 504 号 A 座）

北京新华印刷有限公司 新华书店经销

2021 年 9 月第 1 版 2021 年 9 月北京第 1 次印刷

开本：710 毫米 ×1000 毫米 1/16 印张：14.25

字数：162 千字

ISBN 978 – 7 – 5199 – 1044 – 0 定价：68.00 元

邮购地址 100011 北京市朝阳区安华里 504 号 A 座

电话（010）64217619 64217612（发行中心）

作者简介

陆振兴，1964年生，河南省郸城县人。1982年至1989年在兰州大学历史系学习，1989年至1992年在北京大学历史系学习。长期从事政策理论研究和干部人事工作，长期致力于中国历史、诸子百家学说和毛泽东主席诗文研究。

内容提要

都察院是明王朝的中央监察机构，在明代政治生活中占据着举足轻重的地位。

本书根据都察院组织机构比较松散，各主要类别官员之间关系不紧密、具有较强独立性的特点，分“都御史”“监察御史”上下两编进行具体讨论。

上编为“都御史”，分两章。

第一章为坐院都御史，主要讨论坐院都御史的职掌、他们与其他政治势力的关系，在此基础上，论证了坐院都御史在明代政治生活中的地位，指出有明一代他们并没有起到应有的振肃封建纲纪法度的作用，这是明王朝官僚政治腐败的一个重要原因和主要表现。

第二章是都御史总督巡抚制度。本章指出，都御史总督巡抚制度是明王朝加强地方管理和控制的尝试。在集权的宗旨指导下，明政府委派都御史总督、巡抚，收地方军政大权于中央，对地方实行“宪臣化”统治。都御史总督巡抚对明代地方政治产生了多方面的影响。从地方管理体制看，三司修常职，总督巡抚都御史主“抚循”，巡按御史掌纠察，构成了明代地方政治的突出特点。这里，总督巡抚都御史占据着主导地位。军事方面，本章剖析了明代镇戍制度变化的全过程，论述了以督抚都御史——内臣——总兵官为基本结构的镇戍体制的利弊得失，指出以文驭武是明朝委派都御史总督巡抚的主要指导思想之一。

下编是“监察御史”，也分两章。

第一章为十三道监察御史，讨论了御史的人事管理制度、职掌及其地位和作用。指出，十三道监察御史作为耳目风纪官员，明王朝对他们的选拔任用、考核与黜陟非常重视，规定了一套系统严密的制度，坚持精选、慎察、厚赏、重罚的原则。十三道御史享有广泛的监察权、言事权和在言、察权基础上对实际事务的执行处理权，其差派名目繁多，影响和渗透到社会生活的各个领域。在明王朝的开创期以及腐化期，他们监督纠劾百司，指评时政，臧否人物，议论得失，对维护正常的封建统治秩序起着监控和调节作用。然而在整顿期和衰敝期，有些监察御史依附于权臣、宦官，或自立门户，分党而立，失去了作为监察官员所应具备的政治上的相对独立性。

第二章为御史巡按制度。本章讨论了御史巡按制度的形成及其内容、御史巡按与地方治乱兴衰的关系。巡按御史考察举劾官员，问理刑名，雪理冤抑，为一方吏治、法治之所系；“宣上德、达下情”，起着联系中央和地方的纽带作用。御史巡按是明王朝集权、求治思想的突出体现。在集权方面它的效果是明显的。而在求治方面，由于巡按威权太重，明政府又没有真正切实可行的措施保障巡按正常行使职权，他们擅作威福，贪赃枉法，考察不实，举劾不公，任情轻重，又严重地侵越地方有司甚至巡抚都御史的职掌，遂导致了地方政治的废驰，结果与明王朝统治者的主观愿望适成其反。

在具体论述的基础上，本书指出，都察院是明王朝维护极端专制主义中央集权统治的工具。纵观有明一代，除坐院都御史的权势在英宗正统以后被削弱外，总的来说，都察院的地位呈现一种上升的趋势。其组织机构不断扩大，监察职能也得到强化和扩张，从中央到地方，其影响几乎无所不及。然而从实际效果看，由于受各种因素的制约，都察院在整体上并没有真正有效地发挥其监控调节、维护封建纲纪法度的作用。

目录

下编　监察御史

自序

人的建设是社会建设的根本

1989—1992 年，我在北京大学历史系攻读博士学位，师从许大龄先生。先生暮年，病魔缠身，备受折磨。但吾师仁爱，育才之心殷切，苦难之中，仍不辞辛劳，对弟子们，悉心培育，培土浇灌，整枝理叶。在先生的谆谆教诲之下，我完成了博士学业的洗炼，完成了《明代都察院研究》的写作和答辩。1996 年，吾师仙逝，永远地离开了我们。如今，30 年过去了。世纪翻新，人事巨变。几十个春秋逝去，然先生之慈容仍在眼前，教导犹响耳边，感戴感念之情，与日俱增，师恩师德，须臾不曾忘怀。吾师之恩德，与天山齐肩，与日月同光！

我的博士论文——《明代都察院研究》，是在许先生亲自指导下确定的。先生高度重视制度史研究，常常讲述明王朝制度建设的成就，强调清承明制。1947 年 6 月，他在燕京大学攻读硕士研究生毕业，学位论文即是《清代捐纳制度之研究》。[1] 先生认为“清之捐纳，系因袭于明景泰后，似无疑义。考明景宗景泰元年，始开纳粟事例”。[2] 我们诸多弟子，在先生的教导启示和鼓励支持下，亦专注研究明代的制度建设。如师兄谭天星的博士论文是《明代内阁政治》，[3] 师兄赵子富的博士论文是《明代学校与科举制度研究》。[4]

明代实行部、院并行制。国家设置都察院，与吏、户、礼、兵、刑、工六部并重，此乃明太祖朱元璋首创。“太祖以聪明神武之资，抱济世安民之志”，“崛起布衣，奄奠海宇”，“武定祸乱，文致太平”，[5] 借鉴历代官制之得失，加以斟酌损益，罢丞相，政归六部，“其纠劾则责之都察院”，[6] 国家制度之系统完善，堪称空前。然观有明一代，制度虽备，却乱政迭出；监察缜密，耳目遍布朝野，贪腐之风却日甚一日，都察院职守废渎。其间缘由，须从源头追溯。

一、中国古代历史上四次大规模的制度建设

重视制度建设，是我国的优良传统。自夏商以来，中国古代出现过四次大规模的制度建设。

第一次在周初。周王朝立国伊始，损益夏商制度，建立诸侯分封制度。“周既灭殷，分其畿内为三国（邶、鄘、卫）。”[7] “武王追思先圣王，乃褒封神农之后于焦，黄帝之后于祝，帝尧之后于蓟，帝舜之后于陈，大禹之后于杞。于是封功臣谋士，而师尚父为首封。封尚父于营丘，曰齐。封弟周公旦于曲阜，曰鲁。封召公奭

于燕。封弟叔鲜于管，弟叔度于蔡。余各以次受封。”[8]诸侯在其封国之内，享有世袭统治权力。他们对周天子承担镇守疆土、屏藩王室、缴纳贡物、朝觐述职等职责，听从天子命令，提供军费、力役和发兵出征。和天子分封诸侯一样，诸侯把土地和人民分封给卿大夫，卿大夫再封自己的家臣。层层叠叠的分封，建构了一整套以天子为首的等级秩序。周王朝还建立完善了井田制度、法律制度和礼乐制度，在经济、社会管理和思想文化上加强对全国的统治。

第二次大规模的制度建设在秦。秦国制度建设，发端于秦孝公任用商鞅变法，后由秦始皇总其成。商鞅变法，有两项重大制度创新。一是经济改革。秦国“废井田，开阡陌”，废除奴隶主贵族土地制度，没收他们世袭的土地，将土地授予农民，国家统一征收赋税。二是政治改革。废除世袭贵族分封制度，建立中央集权制的官僚行政制度。打破世袭贵族垄断国家政权的局面，将管理国家的公共权力向社会开放，由国家选派官员治理各地。秦国“集小（都）乡邑聚为县，置令、丞，凡三十一县”。[9]这项改革开启了郡县制度的先河。秦始皇统一六国建立秦王朝后，即在全国范围内推行郡县制度，彻底铲除了奴隶主贵族世袭国家政权的基础；他还下令“使黔首自实田”，[10]推行封建土地所有制；统一度量衡、货币和文字，奠定了国家统一的经济文化基础。秦代的制度建设，对中国历史发展发生了重大而深远的影响，“百代都行秦政法”，[11]毛泽东主席一言中的。

除上述两项外，秦王朝还建立了皇帝制度，建立了中央政府三公九卿制度。三公，即丞相、御史大夫和太尉，是皇帝最重要的辅佐大臣。丞相，“掌丞天子，助理万机”；太尉，“掌武事”；御史大夫，“掌副丞相”，主管图籍文书和监察百官。[12] 三公之下，设诸卿分理具体政务。后来，秦亡汉兴，秦王朝的重大政治、经济和社会制度，“汉因循而不革”，[13] 基本上被汉王朝沿用下来。

第三次较大规模的制度建设是在隋唐之际。隋朝的建立，结束了魏晋南北朝三百多年的国家分裂局面，重新实现了国家统一。隋文帝鉴戒汉魏以来特别是南北朝后期国家制度之得失，[14] 立国之始即建立了以三省六部为骨干的中央政府组织机构，强化了中央集权统治。尚书省“置令，左右仆射各一人。又置吏部、祠部、度支、左户、都官、五兵等六尚书”。尚书令总统之。“尚书掌出纳王命，敷奏万机。”门下省“掌侍从左右，摈相威仪，尽规献纳，纠正违阙”。中书省“掌出内帝命”。[15]

在经济制度方面，隋王朝在开皇二年（582）颁布了均田和租庸新令，减轻了农民负担，促进了农业生产的发展。最值得称道的是隋王朝建立完善学校制度，首创科举制度。隋文帝废除曹魏以来九品官人之法（九品中正法），大力兴办学校，培养人才。“京邑庠序，爰及州县，生徒受业，升进于朝。”[16]“延集学徒，崇建庠序，开进仕之路，伫贤隽之人。”[17] 同时，隋开科取士，通过考试的办法选拔官员。隋文帝时期科举考试有秀才、明经两个科目，隋炀帝增设进士科。学校大力地兴建和科举制度的创立，打击了东汉末年以来愈演愈烈的门阀政治，改变了门阀士族操纵选举、垄断政权的局面。[18] 这一措施加大了人才培养的力度，拓宽了官员选拔的渠道，扩大了封建国家的统治基础。

唐承隋制，加以改进，更加完备周密。“唐之官制，其名号禄秩虽因时增损，而大抵皆沿隋故。”中央政府，设尚书、中书、门下三省，设吏、户、礼、兵、刑、工六部，设御史台等机构。尚书省设尚书令一人，“掌典领百官”，其属有六部尚书。门下省设侍中二人，“掌出纳帝命，相礼仪”。中书省设中书令二人，“掌佐天子执大政”。御史台设御史大夫一人，“掌以刑法典章纠正百官之罪恶”。吏部“掌文选、勋封、考课之政”。户部“掌天下土地、人民、钱谷之政，贡赋之差”。礼部“掌礼仪、祭享、贡举之政”。兵部“掌武选、地图、车马、甲械之政”。刑部“掌律令、刑法、徒隶、按覆谳禁之政”。工部“掌山泽、屯田、工匠、诸司公廨纸笔墨之事”。[19] 唐代六部作为中央行政机关，其职掌较隋六部更为清晰，设置更加合理，遂为后世因循沿用。

唐代的经济制度，亦沿袭隋制，但比隋有更大的进步。唐立国不久，遂于武德七年（624）颁布了均田令和租庸调法，承认农民占有的土地，向无地或少地的农民分配土地，改进和规范了赋税徭役征派办法，有力地促进了农业生产的恢复和发展。

唐代学习制度和科举制度，在隋朝的基础上取得了更大发展。“唐制，取士之科，多因隋旧，然其大要有三。由学馆者曰生徒，由州县者曰乡贡，皆升于有司而进退之。其科之目，有秀才，有明经，有俊士，有进士，有明法，有明字，有明算，有一史，有三史，有开元礼，有道举，有童子。”“此岁举之常选也。”常举之外，又有天子自诏者，名曰制举，“所以待非常之才焉”。学有国子学、太学、四门学、律学、算学、书学六种，“皆隶于国子监”。[20] 唐开科取士，规模大，录取人员多。如贞观年间，取进士 205 人。单在唐高宗和武则天统治时期，就录取进士 1000 余人。[21] 科学之兴盛，为唐王朝选拔了大批优秀人才。

宋以谋逆得天下。宋之制度，以防范权臣篡位和唐末以来武人跋扈为核心，内防缜密，但外御疏失，遂至两宋军事废弛，对外退让妥协，卑躬屈膝，国势日蹙，遂有偏安，而终至灭亡。宋人立法创制，掺杂过多私心杂念，动机不纯，格局狭隘，不足为训。

元朝建立，舍弃旧俗，遵用汉法。在中央设中书省统领全国行政事务，设枢密院掌军事，设御史台掌监察，设吏、户、礼、兵、刑、工六部分理庶务。元之制度，最可称道者，是在地方设置行中书省，简称行省或省。行省有岭北、辽阳、河南、陕西、四川、甘肃、云南、江浙、江西、湖广、征东，凡 11 省。山东西、河北则直属中书省，谓之“腹里”。[22] 行省之制，自元以来，沿用至今。

第四次大规模的制度建设是在明初。明太祖朱元璋是一位“天授神勇”“纬武经文”“雄才大略”的帝王。他起自寒微，知民生艰难之痛，明治乱兴衰之道。即位后，“忧危积心，日勤不怠，务有益于民”。[23] 明朝开国伊始，循元旧制，在中央设中书省、大都督府、御史台三大府，分掌行政、军事、监察之权。洪武十三年（1380），“诛丞相胡惟庸，遂罢中书省”，“政归六部”。同年，罢御史台。洪武十五年（1382），更置都察院。同时，置通政司、大理寺。“其纠劾则责之都察院，章奏则达之通政司，平反则参之大理寺”。又“分大都督府为五，而征调隶于兵部。外设都、布、按三司，分隶兵刑钱谷，其考核则听于府部”。如此，建立了独具特色的中央和地方政府组织机构。洪武二十八年（1395），明太祖敕谕群臣：“国家罢丞相，设府、部、院、寺以分理庶务，立法至为详善。以后嗣君，其毋得议置丞相。臣下有奏请设立者，论以极刑。”[24]

明太祖高度重视礼乐制度建设，“初定天下，他务未遑，首开礼、乐二局，广征耆儒，分曹究讨”。[25]明太祖大办学校，大兴科举。其育才选才之法，“大略有四：曰学校，曰科目，曰荐举，曰铨选。学校以教育之，科目以登进之，荐举以旁招之，铨选以布列之，天下之才尽于是矣”。学校有国学和府、州、县学。洪武三年（1370），正式形成明朝特点的科举制度，“专取四子书及《易》《书》《诗》《春秋》《礼记》五经命题试士”。[26]学校科举之盛，前所未有。

顺治元年（1644），明清易代。明朝制度，基本上被清朝沿用下来。

二、明王朝建立了系统完备的国家监察制度

明太祖朱元璋出身贫寒，在社会最下层、最卑微的贫苦农家长大，父母早亡，无依无靠，走投无路，当了和尚，四处化缘，受尽人间凄苦。元朝统治的极端腐败，各级各类官员的胡作非为，下层百姓地狱般的苦难生活，在他心中打下了刻骨铭心的烙印，积聚成咬牙切齿的仇恨。他建立明王朝之后，为了建立一个好国家好社会，痛下决心对虎狼一般的官僚开刀，“重典驭下”，以“惩元季纵弛”之弊。[27]与此同时，他通过制度建设特别是监察制度建设，使监察百官、澄清吏治以实现天下太平的治国理念，在实践中明确下来。

他设置了系统而完备的监察机构，布下了监督官员的天罗地网。明太祖一改秦汉以来设置御史大夫、御史台之制，在明中央政

府设置都察院，掌院都御史与六部尚书并为“七卿”，加上通政司、大理寺长官，并称“九卿”，职守重大，地位尊崇。又置十三道监察御史，他们除守道履职外，还被派往地方巡按、照刷文卷、追问公事、审录罪囚及监督、办理各种军政事务。在地方，置提刑按察使司，掌监察刑名，与承宣布政使司、都指挥使司并称“三司”。从中央到地方，从六部衙门到穷乡僻壤，监察官员的足迹遍布海内，不留死角。

明王朝全方位拓展都察院监察职能，使明代呈现出宪臣化统治的突出特点。自秦至元，行政、军事、监察三权分设，三足鼎立，互不相扰，各司其职。但明太祖亲睹元末乱政，对贪官污吏滥用职权、蠹政害民了如指掌，痛彻心扉。为加强对官员的监督制约，建设一个好国家好社会，朱元璋在开国伊始，即将御史台改为都察院，大力拓展中央政府的监察职能，广布耳目风纪之官，使他们参预大政，纠劾百司，辨明冤枉，弹击不法。明王朝在明太祖强化都察院监察职能的基础上，一改历代监察部门专司监察单纯监察之旧制，将监察职能融入吏治、司法、军事、经济、文化和地方治理诸领域，对全国实施宪臣化统治。坐院都御史会同吏部尚书主持京察、外察，大计百官；会同刑部、大理寺理刑名，谳大狱。总督巡抚都御史负责抚安军民，兴利除弊，督理地方军政事务。以巡按御史为代表的各差御史，同样把中央政府的监察职能渗透、融入并扩张到明代社会的全部肌体之中。

明政府强化监察官员职权，对他们济世安民寄托厚望。早在吴元年（1367）十月，朱元璋置御史台，便谆谆告诫新任命的御史台官员说：“国家新立，惟三大府总天下之政。中书政之本，都督府掌军旅，御史台纠察百司。朝廷纪纲，尽系于此。而台察之任，实为清要。卿等当思正己以率下，忠勤以事上。盖己不正则不能正人，是故治人者必先自治，则人有所瞻仰，毋徒拥虚位而漫不可否，毋委靡因循以纵奸长恶，毋假公济私以伤人害物。”[28]宣德三年（1428）七月，明宣宗敕谕行在都察院右都御史顾佐时说：“都察院受朝廷耳目之寄，掌国家纪纲之任……今特畀斯任，其竭诚尽力，必公必明，恪恭夙夜，毋惮勤劳，弹劾愆谬，毋避权要，毋枉良善，毋纵奸宄。庶几人知警畏，弊以清革，副朕简任之意。”[29]明太祖、明宣宗的敕谕，言辞剀切犀利，殷切嘱托，震聋发聩。从坐院都御史总司风宪，总督巡抚都御史威震一方，到巡按御史“代天子巡狩”，“大事奏裁，小事立断”，[30]明王朝赋予了都察院官员前所未有的职权，为他们纠治社会弊病，建功于清平之治，提供了重要保障。

三、人是制度落实的关键因素

明王朝设置都察院，建立了系统完备的国家监察制度，用心之良苦、制度之缜密，前所未有。但综观有明一代，特别是明后期，出现了一种奇怪的现象。一方面，都察院职能日益加强，派出监察的总督巡抚都御史、巡按御史及各差御史日益增多，监察网络越织越密；另一方面，明王朝纲纪却日趋紊乱，“吏治日偷，民生日蹙，而国亦遂以亡”。[31]此等怪状，产生的缘由甚多，但归根结底，还是人的问题。

首先，要看有没有一个头脑清醒的“好皇帝”。在封建专制统治之下，君明臣贤，天下治安；君昏臣贪，朝野混乱。这是铁律。明代太祖、太宗、仁宗、宣宗包括孝宗诸帝，励精图治，明于治道，知人善任，为都察院振肃朝纲创造了条件。宣德三年（1428），明英宗罢黜“善以智笼人，私纳贿赂”“贪纵不法”的左都御史刘观，[32]下决心整顿都察院。他接受大学士杨士奇、杨荣的荐举，擢“廉有威重，刚棱不挠”的通政使顾佐为右都御史，“赐玺书，令剪涤积弊”。[33]顾佐受命之后，举贤荐能，纠正百僚，奏黜不法御史，遂致“宪度严明，宿弊清革，吏卒凛然”。[34]“或告佐不理冤诉。帝曰：‘此必重囚教之。’命法司会鞫，果千户臧清杀无罪三人当死，使人诬佐。帝曰：‘不诛清，则佐法不行。’磔清于市。”[35]

明孝宗信用戴珊，一如宣宗之于顾佐。弘治十三年（1500），戴珊以南京刑部尚书召为左都御史。明孝宗知其清慎，以天下事推诚付托犹家人父子，每从容论政事，造膝宴见，至移晷刻。戴珊既受倚重，“益自检律，务持风纪，虽簿书之细，必极精核”。[36]为报知遇之恩，戴珊恭忠勤勉，鞠躬尽瘁，“力疾视事”，卒于任上。[37]

明自英宗以后，除孝宗外，皇帝多为昏庸之主。宦官专政，扰乱朝纲，明王朝的政治环境开始恶化。嘉靖、隆庆之后，阉祸滋炽，又生党争。都察院行使监察职能，逐渐失去了皇权保障。万历年间，左都御史温纯掌院，秉公持正，慨然以整肃朝纲为己任，然明神宗昏庸无道，不辨曲直，温纯澄清吏治、力罢矿监税使的努力受到百般阻挠，被予致仕，一腔热血、一番努力付之东流。更有甚者，天启年间魏忠贤为非作歹，起用投靠他的巡按御史崔呈秀为左都御史。一个赃私狼藉、丧尽天良的败类执掌都察院，何望明王朝有药可医!

其次，要看都察院官员是否恪尽职守、秉公执法。宣德三年（1428）七月，明宣宗敕谕都察院右都御史顾佐，强调都察院职司风宪，掌国家纪纲，“用得其人，则庶政清平，群僚警肃；用非其人，则百职怠弛，小人横恣。必尽公廉乃称斯职”。[38]明宣宗关于“用得其人”“用非其人”之论，实乃真知灼见，深刻阐明了人在制度落实上的决定性作用。有明一代都察院官员的实际表现及发挥作用的具体情况，就充分证明了这一点。比如，天顺年间右佥都御史李侃巡抚山西，他整饬吏治，“考察属吏，奏罢布政使王允、李正芳以下百六十人”，于是风纪大振，“贪墨者屏迹”。[39]隆庆年间，右佥都御史海瑞巡抚应天十府，“属吏惮其威，墨者多自免去”。[40]与此相反，当投奔魏忠贤的崔呈秀执掌都察院，石三畏、张讷、卢承钦、门克新、刘徽、智铤等监察御史皆依附魏忠贤并为其搏击效命的时候，其为害之大，可想而知!

明初诸帝，重视吏治。士人读书做官，多为效命朝廷、济世安民。都察院官员作为风宪之官，居清要之位，亦知自警自励，“用得其人”、守职奉公者属于主流。明中期以后，国家承平日久，虽有南倭北虏之患，却只是局部威胁，终未酿成颠覆致命之忧。经过长期休养生息，农业手工业迅速发展，商品经济空前繁荣，工商业城镇不断兴起，资本主义开始在中国萌生。于是，贪图享乐之风在全社会悄然兴起，皇帝开始懈怠，皇室、宦官争相掠夺社会财富。朝野上下之大小臣工，凭借手中掌握的权力，亦参预到社会财富的争夺之中，他们从社会秩序的守护者，逐步沦为社会秩序的破坏者。面对朝政日趋混乱、吏治渐次废弛的局面，明政府开始强化都察院职能，加大监察力度，委派总督巡抚都御史和各差御史巡察四方。但当时官场已十分堪忧，除少许出污泥而不染、特立独行者之外，所任所派督抚巡按，大多“用非其人”。他们非但不能惩贪除恶，为明王朝医病疗伤，反而毫不顾及风宪官员清要之名，公然滥用国家赋予的巡察纠劾之权，以之为贪腐之资，与贪官污吏沆瀣一气。嘉靖五年（1526）十二月，福建道监察御史朱豹即上疏指出：“抚按举劾多狗（徇）私任意，贤能者未必举，所举或及污婪；鳏旷者未必劾，所劾或加良直。”[41]嘉靖十二年（1533）八月，都察院左都御史王廷相也指出：“近所奏荐，不问人品高下，心迹真妄，第取趋承供张之便给者以为能，至所论劾，类以一二质讷少文者塞责，其奸贪巨蠹，即以私意掩之。”[42]万历十一年（1583），左副都御史丘橓疏奏，“御史巡方，未离国门，而密属之姓名，已盈私牍。甫临所部，而请事之竿牍，又满行台。”[43]如此，防范、威慑和纠治官场腐败的风纪之官，反饮贪腐之水，吞贪腐之食，明代社会也就彻底没有了希望，走到绝路了。

四、人的建设是社会建设的根本

前面，我们追溯了我国古代制度建设的历程，特别是结合《明代都察院研究》的写作，考察了明代监察制度建设及制度落实情况。从中我们看到，高度重视制度建设，是我国的优良传统。我国制度建设取得的巨大成就，推动了中国社会发展进步，对缔造伟大的中华文明提供了坚强有力的制度保障。并且，它本身就是中华文明的重要组成部分。

同时，我们也看到了，制度是人制定的，也是要靠人遵照执行的，是需要由官员具体实施的。人是制度建设和制度落实的决定因素。如果人的建设跟不上，非但制度建设不能推进，再好的制度也无法落实，也就无从实现社会治理。在制度落实的问题上，明宣宗关于“用得其人”和“用非其人”的论断，点明了人在制度落实和社会建设中的极端重要性。

古往今来，我们在政治建设、经济建设、军事建设、思想文化建设上，在道德建设、法治建设上，在各种各样的制度建设上，进行过不断探索，付出了巨大努力，也取得了很多成果，这是值得肯定的。但遗憾的是，我们有时却忘掉了自身，忘掉了人的建设这个社会建设的根本。虽然在各方面建设中，我们考虑了人的因素，也促进了人的建设，可是，我们却没有把人的建设专门提出来，更没有把人的建设作为社会建设的根本，放到应有的位置，采取有力有效的措施，把我们自身建设好。

对于人的建设的重要性，已无需赘述。我们必须高度重视我们自身的建设，把它作为社会建设的根本，视为头等大事，摆上首要位置。现在的问题是，如何进行我们的自身建设，进行人的建设呢？

人的建设，这个题目很大。在研究这个题目之前，我们姑且先研究官僚队伍建设，探究一下官僚队伍建设的根本遵循，从中寻找人的建设需要特别关注哪些问题。

世界之大，人间万象，但概括起来，其实只有两个字：“公”和“私”。秦始皇废分封，置郡县，剥夺奴隶主贵族世袭垄断国家政权的私有权力，将治理国家的公共权力向社会开放，由中央政府委派官吏治理国家，去贵族独霸天下之私，还天下人共治天下之公。这是人类历史上一项至大至尊至高至伟的发明。

秦始皇这个发明，其核心价值就在于明确了国家治理属于公共权力，为全社会优秀人才治理国家开辟了道路，有利于调动全社会关心和参预国家治理，建设文明国家和美好社会的积极性。官僚制度取代诸侯分封制度，是人类社会的一个巨大进步。在官僚体制下，在我国历朝历代以及世界各国，都出现了一批又一批优秀官员，他们竭忠尽智，公而忘私，为人类文明进步做出了巨大贡献。

然而，自官僚制度实施以来，2000 多年里，虽然有汉举孝廉、举贤良方正，隋唐兴科举等加强官僚队伍建设之举措，出现了秦汉之际、隋唐之际人才辈出、风云际会之盛况，也创造了文明进步的不朽业绩，但总体看来，其成效并不十分突出，并没有产生很理想的结果。究其原因，就在于没有抓住官僚队伍建设这个根本，没有明确官僚队伍建设的根本遵循。

既然治理国家属于全体公民的公共权力，那么，每一个官位，也都属于公共职位。居其位者，吃公家之饭，干公家之事，自当以身许公，舍身报公，除应得之俸禄外，不得谋半点私利。只有这样，才是官称其职，吏配其位。否则，便玷污了公共权力，玷污了公共职位。因此，一心向公、倾心报公、秉公行事，自然是官员们必须恪守不移的天条，是官僚队伍建设的根本遵循。

在 2000 多年的官僚政治和官僚社会中，虽然人们反复强调秉公执法、秉公行政，秉公用权；反对因私损公、徇私废公，也曾出现过君明臣贤的时代，即使在社会最腐朽最黑暗的时期，也有公而忘私的人物。但综观全局，公与私这个官僚队伍建设的核心问题，始终没有真正解决好。遂致执行公共权力为社会造福的高尚官位，常常蜕变为贪腐之徒谋取个人私利的卑污之地。防范、威慑和纠治官场腐败的更重要的公共职位——监察官员职位，也没能逃脱公共权力私有化的可悲命运。因此，我们认为，加强官僚队伍建设，必须高高举起“为公奉公”这面旗帜，并将其作为每一位官员的根本遵循。

官民一体。今日之民，可为明日之官；今日之官，也可为明日之民。况且，官也是民。在明确了官僚队伍建设的根本遵循后，现在，就来讨论人的建设这个大题目。笔者认为，人的建设的首要问题，也是如何处理公与私的问题。

《礼记·礼运》曰：“大道之行也，天下为公。选贤与能，讲信修睦，故人不独亲其亲，不独子其子，使老有所终，壮有所用，幼有所长，鳏寡孤独废疾者，皆有所养。男有分，女有归。货恶其弃于地也，不必藏于己；力恶其不出于身也，不必为己。是故谋闭而不兴，盗窃乱贼而不作，故外户而不闭，是谓大同。”“今大道既隐，天下为家。各亲其亲，各子其子，货力为己。大人世及以为礼，城郭沟池以为固。礼义以为纪，以正君臣，以笃父子，以睦兄弟，以和夫妇，以设制度，以立田里，以贤勇知，以功为己，故谋用是作，而兵由此起。”[44]孔夫子的这段话，谈的是“为公”“为私”的大问题，也是人的建设的大问题。

公与私，皆为客观存在。任何一个个体的人，都拥有公和私两种属性。对于自身，他（她）是唯一，他（她）区别于其他人，具有私有属性。但人又是社会的人，是社会的一个细胞，是社会的一分子，又具有公有属性。人的建设，要照顾人自身的特点，尊重人的私有属性，允许并且鼓励和支持其健康地生存和发展。但是同时，又要注重其公有属性，不可过分强调其私有属性，不能任其堕落，不能任其恣意妄为，更不能允许其危害他人和社会。这是人的建设应该遵循的根本原则。

几千年来的人类历史，存在两个最大问题：一是忽视了人的私有属性，忽视了人的个性权利。在一些低级趣味的高高在上的官员、富人眼里，下层百姓就是低等生物，就是奴隶。他们为所欲为，肆无忌惮地欺凌下层百姓，掠夺社会财富。而下层百姓自身，也认识不到或无力捍卫自己做人的尊严，维护自己平等的个人权利。二是否认人的公有属性，片面夸大人的个性权利，一味地进行自我设计，追求个人利益，甚至祸害他人和社会。进行人的建设，必须解决这两大问题。

近代以来，自由平等的观念深入人心，人的个性发展得到了重视，推动人类社会不断向前进步。但是，随着资本主义迅猛发展，人的个性发展却脱离了健康与合理的轨道。贪婪无度，唯利是图，损人利己，弱肉强食，极端的自私自利，已成为阻碍人类社会前行的最大障碍，成为人类社会的一大罪恶。

马克思主义诞生之后，近200年来社会主义运动的探索实践，为人的建设指明了道路。马克思和恩格斯在《共产党宣言》中指出："代替那存在着阶级和阶级对立的资产阶级旧社会的，将是这样一个联合体，在那里，每个人的自由发展是一切人的自由发展的条件。"在这里，马克思阐明了这样一个道理：在社会主义和共产主义社会，人的建设，既可以满足人自身的健康发展，又能够促进全人类的发展，实现社会全面进步。

毛泽东主席高度重视人的建设，并为加强人的建设、实现社会进步付出了毕生努力。早在1917年，于湖南一师求学的毛泽东，在与同学张昆弟的交谈中就指出，人不能汲汲于衣食享受，应当追求更高的理想，“西人物质文明极盛，遂为衣食住三者所拘，徒供肉欲之发达已耳。若人生仅此衣食住三者而已足，是人生太无价值”。“吾辈必想一最容易之方法，以解经济问题，而后求遂吾人理想之世界主义。”[45]1939年12月21日，他在《纪念白求恩》一文中，高度赞扬白求恩同志毫不利己专门利人的精神，号召大家向白求恩学习，做“一个高尚的人，一个纯粹的人，一个有道德的人，一个脱离了低级趣味的人，一个有益于人民的人”。[46]我想，只要人类不甘于堕落，只要我们希望人类社会有一个更加美好的明天，人的建设，就要朝着毛泽东主席指明的这个目标和方向前进！

陆振兴

2021年2月17日

注释：

[1] 原文载 1950 年哈佛燕京学社《燕京学报》专号。此后在海外一再重印。2000 年 11 月，北京大学出版社出版许大龄《明清史论集》，该书上编为《清代捐纳制度》。

[2] 同 [1]。《清代捐纳制度 · 绪论》。

[3] 谭天星：《明代内阁政治》，中国社会科学出版社 1996 年版。

[4] 赵子富：《明代学校与科举制度研究》，北京燕山出版社 2008 年版。

[5]《明史》卷三，《太祖本纪第三》。

[6]《明史》卷七二，《职官一》。

[7]《史记》卷四，《周本纪》之张守节《史记正义》语。

[8]《史记》卷四，《周本纪》。

[9]《史记》卷六八，《商君列传》。

[10]《史记》卷六，《秦始皇本纪》。裴骃《史记集解》引徐广言。

[11] 毛泽东：《七律 · 读〈封建论〉呈郭老》。《建国以来毛泽东文稿》第十三册，中央文献出版社 1998 年版，第 361 页。

[12]《汉书》卷一九，《百官公卿表》。

[13] 同 [12]。

[14]《隋书》卷二六，《百官志上》："高祖践极，百度伊始，复废周官，还依汉魏。唯以中书为内史，侍中为纳言，自余庶僚，颇有损益。"

[15] 同 [14]。

[16]《隋书》卷二，《高祖纪》开皇九年四月壬戌诏。

[17] 同 [16]，仁寿元年六月乙丑诏。

[18] 门阀大族垄断政权，是奴隶制时代贵族世袭政权的余毒。

[19]《新唐书》卷四六、四七、四八,《百官志》。

[20]《新唐书》卷四四,《选举志》。

[21] 翦伯赞:《中国史纲要》上册，人民出版社 1983 年版，第 430 页。

[22]《元史》卷五八,《地理志》。

[23]《明史》卷三,《太祖本纪第三》。

[24]《明史》卷七二,《职官一》。

[25]《明史》卷四七,《礼一》。

[26]《明史》卷四五,《选举一》。

[27] 赵翼:《廿二史劄记》,《明祖晚年去严刑》。

[28]《明太祖实录》卷二六，吴元年十月壬子条。

[29]《明宣宗实录》卷四五，宣德三年七月戊午条。

[30]《明史》卷七三,《职官二》。

[31] 赵翼:《廿二史劄记》卷三三,《明初吏治》。

[32] 雷礼:《都御史刘观传》,《国朝献征录》卷五四。

[33] 京学志:《左都御史顾公佐传》,《国朝献征录》卷五四。

[34] 徐学聚:《国朝典汇》卷五三。

[35]《明史》卷一五八,《顾佐传》。

[36] 雷礼:《戴公珊传》,《国朝献征录》卷五四。

[37]《明史》卷一八三,《戴珊传》。

[38]《明宣宗实录》卷四五，宣德三年七月戊午条。

[39]《明史》卷一五九,《李侃传》。

[40]《明史》卷二二六,《海瑞传》。

[41]《明世宗实录》卷七一，嘉靖五年十二月辛酉条。

[42]《明世宗实录》卷一五三，嘉靖十二年八月癸酉条。

[43]《明史》卷二二六,《丘橓传》。

[44]《礼记》卷四,《礼运第九》。

[45]《张昆弟记毛泽东的两次谈话》,《毛泽东早期文稿》,湖南人民出版社 1990 年版,第 638 页。

[46] 毛泽东:《纪念白求恩》。《毛泽东选集》第二卷,人民出版社 1991 年版,第 660 页。

引言

监察机构是国家机体的重要组成部分，它通过监督和纠劾，保障国家机关及其工作人员依法行使管理国家的权力，维护国家政令法规的尊严。一方面，它是统治阶级维护统治的工具；另一方面，它又是社会安定和发展不可或缺的力量。

我国有着重视监察机制的悠久历史传统，孙中山先生视之为“中国固有的”“优良制度”，[1]“可为世界进化之先觉”。[2]这种看法不无道理。自秦始皇创立以皇帝为最高统治者的专制主义中央集权国家以来，皇帝统御天下，总揽威权，设官分职，置公卿百官分理天下事务，同时以台谏官员为耳目所寄，责之以监察纠劾，由此形成了专制政体的基本模式。[3]监察机构在这种政体中占据着举足轻重的地位。

中央监察机构的产生和发展，由来已久，源远流长，姑从秦汉谈起。当时，设立御史大夫负责监察百官，与丞相、太尉并称“三公”。不过御史大夫并非专职监察长官，而是掌副丞相，内承风化，“外佐丞相统理天下”，[4]同时又兼有皇帝秘书长的身份。到西汉末年，随着专制主义中央集权制度的发展，出现了专门的监察机构——御史台。其后，御史台之制历代相袭，且因时损益，其建制、官员配置及职责分工日趋完善和严密。唐、宋两朝，御史台设立台院、殿院、察院，共司监察，又各有侧重。元代，御史台与中书省、枢密院三足鼎立，地位甚为尊崇。

明初循元旧制，在中央设立御史台，与中书省，大都督府并称三大府，分掌监察、行政、军事权力。洪武十三年（1380），朱元璋罢御史台。[5]洪武十五年（1382）十月，更置都察院。[6]这是一个有重大意义的变革，它结束了西汉末年以来1000多年御史台监察体制，奠定了明清500余年都察院体制的基础。

在中国监察制度及其整个政治制度的发展过程中，明代都察院监察体制独具特色，影响深远。第一，就监察权力的行使来看，从都御史到十三道监察御史，从以巡按御史为典型代表的各差御史到以总督巡抚都御史为主的各差都御史，宪臣遍及全国，耳目广布内外，明王朝的监察机制发展到极致。第二，从封建政治体制的发展演变看，都察院作为监察机关，取得了与六部政务机关并重的地位，这为以前历代所未有。第三，就权力分配关系来讲，在朱元璋立法创制的“颉颃”原则指导下，监察机关分切政务机关之权：都御史参预主察官员，谳平大狱，督理京营营政；十三道御史问理刑名，考察官吏；差派之御史、都御史办理重大军政事务，收地方行政权力于中央。至此都察院官员开始拥有监察官和政务官双重身份，监察权得到延伸、扩大和膨胀。这种具有一定程度的“宪臣化”统治，是明代极端专制主义的突出表现之一。都察院地位之重要，由此可见一斑。

然而，对明代都察院的研究，国内外学术界许多专家学者虽曾做过不少工作，为我们提供了一些可供借鉴的见解，但总的来说还很薄弱。这些研究或停留在一般性的介绍水平之上，或有偏颇之失，许多重要的问题尚未论及，更没有全面系统的研究专著问世。这与都察院在制度史上、在明代国家和社会生活中的地位很不相称。

基于上述情况，笔者认为，应当根据都察院机构设置的特点，把对它的研究置于明王朝强化专制集权统治这个大的政治和社会背景之下，结合明代社会历史的具体发展进程，去观察和分析它的组织机能发展与变化、地位与作用，对其进行综合而又有重点的深入考察。这样，才能对都察院监察体制有一个较为切合实际的整体认识。这对我们认识明代制度的利弊得失也会有所裨益，同时亦有助于推进明代历史研究的深入，又是对研究中国古代政治制度的一份贡献。

明代都察院官员设置以都御史和十三道监察御史为主，[7]后者是前者的属官，但其隶属关系并不紧密，所谓“御史独不系都察院”，说的就是这一点。[8]二者皆派外差，以总督、巡抚都御史及巡按御史为典型代表。本书根据都察院组织机构比较松散、各类官员有相对独立性的特点，立都御史、监察御史两编，分别对都御史、总督巡抚都御史和十三道监察御史、巡按御史及其相关制度进行讨论。

最后应当说明的是，永乐迁都，移都察院于北京，“留者曰南京都察院，略如六部”，[9]本书论列以北院为主，兼及南院。

注释：

[1] 孙中山：《与该鲁学尼等的谈话》，《孙中山全集》(第一卷)，中华书局1981年版，第320页。

[2] 同上书，《与刘成禺的谈话》，第445页。

[3] 明嘉靖间南京礼部尚书秦金曾言：皇帝总揽权纲，“设公卿以代理之，台谏以纠察之，股肱有托，耳目有寄，即主委重于九鼎，国势安于泰山。自古帝王制御天下，操此术而已”。(《明世宗实录》卷三〇，嘉靖二年八月庚子条。)另注：本文所引实录材料，皆据中国台湾中研院历史语言研究所校印本。

[4]《汉书·薛瑄传》。

[5] 王圻：《续文献通考》卷八九，《职官考·御史台》。《明史》卷七三，《职官二》同。

[6]《明太祖实录》卷一四九，洪武十五年十月丙子条。《续文献通考》卷八九，《职官考·御史台》。《明史》卷七三《职官二》皆持此说。万历《大明会典》卷二〇九：“十四年，改都察院为正七品衙门”，不确切。

[7] 除都御史、监察御史等正官、属官外，都察院还置经历司，设经历一人，都事一人；置司务厅，设司务两人；置照磨所，设照磨一人，检校一人。皆为首领官。所属衙门司狱司，初设司狱六员。嘉靖间革三员，万历间革一员，又住补一员。上述各官主要办理本院日常杂务，作用和影响不大，故本文不专门论述。

[8] 王世贞：《弇山堂别集》卷五二，《都察院左右都御史年表序》。孙承泽：《春明梦余录》卷四八，《都察院》同。

[9] 同上。另注：北院自洪熙始至正统间，称行在都察院。

上编　都御史

第一章　坐院都御史

坐院都御史，为都察院正官，或称堂上官。额设左、右都御史各一人，正二品；左、右副都御史各一人，正三品；左、右佥都御史各一人，正四品。[1]左右都御史多不备员，或只设右都御史，或仅置左都御史。也有左右并设的情况，常以一人掌院，称作台长或道长、都宪、总宪、都堂、大中丞等。副都御史和佥都御史或称中丞，协理院务。

南京都察院，设右都御史一人，右副都御史一人，右佥都御史一人。

南京督察院事权比较微弱，本章所述以北院为主，兼及南院。

第一节　坐院都御史的职司范围

《明史·职官志》言："都御史，职专纠劾百司，辩明冤枉，提督各道，为天子耳目风纪之司。"除弹击不公不法之外，"遇朝觐、考察，同吏部司贤否陟黜。大狱重囚会鞫于外朝，偕刑部、大理寺谳平之。其奉敕内地，拊循外地，各专其敕行事"。[2]这是对坐院都御史职责权力的概括叙述。而对他们所拥有的参预廷议大政、廷推大臣、督理营政等权力并未言及。本节拟对其职司范围作一全面具体的论述。

一、纠劾百司

对百官有司一应不公不法之言行，都御史皆有纠劾之权。《天府广记》着重记述了如下几个方面："凡大臣奸邪，小人构党，作威福乱政者，劾；凡百官猥茸，贪冒坏官纪者，劾；凡学术不正，上书陈言变乱成宪，希进用者，劾。"[3]

作为明王朝的中央监察机关，都察院最重要和最根本的职责和权力，就是对所有文武官员和各级各类衙门违背纪纲法度的行为实行监督纠劾。刘宗周说："都察院，风纪之司也，百司庶府于是乎资弹压。"[4]都察院的主要官员，包括都御史和十三道监察御史，皆负有这种纠举之责。但都御史为本院最高行政长官，为诸御史之表率，其作用表现得尤为突出。宣德三年（1428）七月，明宣宗敕谕行在都察院右都御史顾佐时说："都察院受朝廷耳目之寄，掌国家纪纲之任。用得其人，则庶政清平，群僚警肃；用非其人，则百职怠弛，小人横恣。必尽公廉乃称斯职。……尔佐刚直廉正，简在朕心，今特畀尔斯任，其竭诚尽力，必公必明，恪恭夙夜，毋惮勤劳，弹劾愆谬，毋避权要，毋枉良善，毋纵奸宄，庶几人知警畏，弊以清革，副朕简任之意。"[5]纠弹不法，使百官警肃、尽其职守，以致封建清平之治，全赖都御史用得其人。都御史在纠劾方面的权责之重，从这个敕谕中可以想见。嘉靖六年（1527）十月，署都察院事兵部左侍郎张孚敬上疏，以都御史顾佐奉公守职为例，也论及这个问题。他说："国朝顾佐为都御史，在朝大臣有贪墨不法，许穿绯衣当御前面加纠举，就行拿问。故都御史凡衣绯衣入朝之日，必有纠举，大臣莫不股栗。今此职不举，故大臣无忌惮，朝多贪墨。如之何民不穷且盗也。”[6]

都御史在纠劾百司方面的特殊地位和作用，还表现在他们的倡率作用上。除在内督率御史外，在外要督率巡抚、巡按。上述张孚敬的奏疏中即指出：“至于令行禁止，尤在都察院而已。夫都察院所以掌法于内者也，巡抚、巡按所以布法于外者也。”“掌院官必在得人，始能倡率抚巡，扬励百司。其守令等官一有慢令害民者，抚巡官即按之无贷；抚巡官一有不奉法者，掌院官即按之无贷，则法无往不行矣。”[7] 这里，把都御史在纠劾方面的倡率作用，上升到巡抚、巡按能否奉法守职、朝廷法令能否得以贯彻的高度。

二、考察官员

考察官员方面，都御史的职责主要有如下两点。

1. 独立负责考核御史及按察司堂上官

都御史作为都察院堂上官，对监察御史有直接的独立考核权。这一点，将在下编第一章第一节关于监察御史的考核问题上专门谈到。对按察司堂上官的考察，洪武二十六年（1393）规定：“按察司五品以上，系正官、佐贰官，三年考满”，“别无考核衙门，从都察院考核”。这里所讲的都察院，事实上是指都御史。[8]

考察官吏，是关系到吏治民生的大问题。御史、按察司堂上官都拥有一定的考察官吏的权力，而对他们的考察，直接由都御史负责。这反映了明王朝对官员考察事务的重视及都御史在官员考察方面职责的重大。永乐九年（1411）闰十二月，明成祖朱棣谕示都察院左副都御史李庆说："为朕养民，其先在于守令得人。然守令贤否，在按察司考察惩劝；考察按察司，又系于都御史。卿等不能举职，即按察司之职亦废。何望守令能尽职哉！其勉之。盖廉则无私，无私则举措当而人心服矣。更察各按察司官，但非廉能正直之士，皆罢黜之。"[9]

可是到了后来，随着巡抚都御史、巡按御史遣派出巡的制度化，都御史虽名义上尚有对按察司官的直接考核权，如弘治年间要求"按察司堂上官径赴都察院考核"，[10]但在事实上，对按察司官的考核，则主要由巡抚、巡按进行。这个转变，始于景泰年间。详见下编第二章第一节《御史巡按制度的形成及其内容》中关于巡按御史考核官员的论述。

2. 主持京察、外察

明代官员的考核，分考满、考察两类。考察有京察、外察之分，分别考察京官和外官，二者皆称为"大计"。大计百官，由都御史和吏部尚书或侍郎主持。

外察随朝觐进行。"洪武初，外官每年一朝。二十九年（1396），始定以辰、戌、丑、未年为朝觐之期。朝毕，吏部会同都察院考察，奏请定夺。"弘治六年（1493），"令朝觐之年，先期行文布、按二司考合属，巡抚、巡按考方面，年终具奏，行各该衙门立案，待来朝之日，详审考察"。[11]京察规定每逢大计之年，"四品以上自陈以取上裁，五品以下分别致仕、降调、闲住为民者有差，具册奏请"。[12]明孝宗弘治以前，京察在时间上没有固定。至弘治十七年（1504）"奏准，每六年一次考察"。起初都御史不予其事，如正统元年（1436）奏准：凡京官考察，"两京各衙门属官、首领官从本衙门堂上官考察。如有不才及老疾者，吏部验实，具奏定夺”。但可以断定，最迟在宪宗成化以后，都御史已经在主持考察。《大明会典》载：“成化四年（1468），令京官五品以下，吏部会同都察院及各堂上、掌印官公同考察。”[13]

主持察典的都御史，一般由掌院的左都御史或右都御史即总宪充任。如万历四十年（1612）闰十一月，因第二年为癸丑年，值朝觐考察外官，而当时都察院缺左、右都御史。于是，左副都御史许弘纲上疏，指出“大计燃眉，总宪万难欠缺”，要求“早赐点用”。[14]但事情也有例外，在总宪缺位的情况下，副都御史、佥都御史也可主持考察。成化五年（1469），南京都察院右佥都御史高明即与吏部右侍郎章纶主持考察庶官。[15]万历三十九年（1611），著名的辛亥京察，即由副都御史许弘纲与吏部尚书孙丕杨、侍郎萧云举主持。[16]

京察和外察是明王朝考察黜陟官员的大典，关系到明王朝的吏治清浊，甚至影响到国家的盛衰。都御史作为主持者之一，体现了其地位的尊崇和权责的重大。有明一代，确实出现不少都御史在大计百官的问题上秉公持正，奖廉惩贪，对澄清吏治起了一定作用。但是，由于宦官当权及权臣主政等因素，都御史在主察过程中要受到多方面的影响和制约，有时甚至是干扰、阻挠和破坏。此外，在明后期激烈的党争中，都御史主察又或多或少地搀入了党派纷争的成分。不过，对其还要作具体的分析。一般说来，作为东林党人或为东林党人所支持的都御史在主察过程中，大多注重严惩贪污、罢黜不法官吏，希望以此挽回明朝统治的危机。[17]这里，我们以万历十五年（1587）丁亥京察和万历三十三年（1605）乙巳京察为例，略作说明。丁亥京察，左都御史辛自修和吏部尚书杨巍主持。当时内阁要插手干预和操纵这次察典，“政府欲庇私人，去异己”，而杨巍“承意旨惟谨”。辛自修希望借京察的机会澄清吏治，“有贪竟者十余辈，皆政府所厚，自修欲去之”，[18] 并得到了顾宪成的支持。然而，由于大学士申时行的阻挠，最后失败，辛自修不得不托疾告归。乙巳京察，由左都御史温纯与吏部侍郎杨时乔主持。温纯“清白奉公”，曾“五主南北考察，澄汰悉当”，“肃百僚，振风纪，时称名臣”。[19] 但这次大计京官，却遭到内阁首辅沈一贯的百般阻挠，结果察疏留中不下。后来，“尽留给事、御史之被察者”。[20] 不仅如此，还对温纯极力诋毁，温纯志未酬，愿难遂，被迫致仕。[21]

三、理刑名、谳大狱

明初，朱元璋立法创制，置刑部、都察院、大理寺三法司，掌管明王朝的法律事务。“刑部受天下刑名，都察院纠察，大理寺驳正。”[22] 明宣宗敕谕三法司时说：“我国家稽古为制，建立法司。刑部掌邦宪，都察院兼理刑名，大理寺审允轻重。”[23] 这里，都察院“纠察”或“兼理”，一方面体现“彼此颉颃”的原则；另一方面，它是都察院在法律领域行使监察职能的具体反映。

值得指出的是，建文年间，曾罢都察院理刑名之权。方孝孺《御史府记》载：建文“二年（1400）春二月甲子有诏，若曰：顷以诉状繁易，御史台号都察院，与刑部分治庶狱。今赖祖宗神灵，断狱颇简，其更都察院仍汉制为御史府，专以纠贪残、举循良、匡政事、宣教化为职。”[24] 练子宁《中丞集》附《中丞遗事附录》亦言及“罢都察院典刑狱，改御史府如唐宋御史台故事，职专纠察”。[25]

成祖鼎革，御史府复为都察院，其理刑名之职如旧。

都御史在法律方面的职责，主要是参预对大案要案的审理。遇大狱重囚，都御史会同刑部、大理寺堂上官会鞫详谳。洪武十七年（1384），明太祖谕法司官：“布政、按察司所拟刑名，其间人命重狱，具奏转达刑部、都察院参考，大理寺详拟。”[26] 天顺二年（1458），令每年霜降后，“本院以各道问拟该决重囚，具奏赴承天门外会官审录”。弘治七年（1494），“令凡捕获强盗绑赴御前引奏者，本院同刑部、大理寺、锦衣卫堂上官，于午门前会问”。九年（1496），“令每年天气炎热之时，本院与刑部、大理寺奉敕审录见监罪囚”。[27] 凡此种种，足见都御史在司法审理过程中的重要地位。

但是，案件的最后决定权却掌握在皇帝手中。不仅如此，公侯伯等勋臣，内阁、锦衣卫镇抚司甚至中官等皆得干预。如仁宗即位后，召内阁学士杨士奇、杨荣、金幼孜，命“自今审重囚，卿三人必往同谳”。[28] 这虽是针对当时法司问刑专务酷苛、滥施刑威的实际情况，出于慎刑的考虑做出的决定，但却批准了非司法机关及其官员对于司法事务的干预。此后，这类现象日趋增多，并逐渐形成了会官审录之制。天顺三年（1459），“令每岁霜降后，三法司同公、侯、伯会审重囚，谓之朝审，历朝遂遵行之”。成化十七年（1481），“命司礼太监一员会同三法司堂上官，于大理寺审录，谓之大审。南京则命内守备行之。自此定例，每五年辄大审”。[29] 如果说，勋臣、内阁官员的参预，尚有所谓“古者断狱，必讯于三公九卿，所以合至公，重民命”[30] 的思想为依托的话，那么中官、厂卫的干预，则主要表现为对三法司审刑断狱的侵扰，故常常遇到质疑和反对。如明武宗正德年间，“刘瑾、钱宁等相继擅权，凡意中忧恶，辄夺付镇抚，文致成狱，以遂其奸”，法纪大坏。[31] 明世宗即位之初，力矫此弊，革锦衣传奉官，裁汰旗校，然“未几，事多下镇抚，镇抚结内侍，多巧中”。[32] 于是，群臣纷纷疏谏，署都察院事兵部侍郎张璁指出：“祖宗设立刑部、都察院、大理寺，谓之法司，所以纠正官邪、清平狱讼也；设立东厂、锦衣卫，谓之诏狱，所以缉捕盗贼、诘防奸宄也。夫职业之废，谓之旷官；职掌之夺，谓之侵官。”他请求“今后凡贪官冤狱，仍责之法司提问辨明；有隐情曲法，听厂卫觉察上闻；凡盗贼奸宄，仍责之厂卫缉访捕获，然必审问明白送法司拟罪上闻”。[33] 这一建议，得到了明世宗的批准。

除中官、厂卫的侵扰外，明代极端专制主义的政治环境，纷繁复杂的无休止的政治争斗，也给都御史参预主持审理大狱重囚带来了困难。其主要表现为唯上不唯实，唯势不唯法。天顺元年（1457）正月，英宗复辟，石亨、徐有贞等诬陷尚书于谦、大学士王文谋立外藩，明英宗命都御史萧惟祯定谳。本来是无中生有的事情，然萧惟祯唯英宗及迎复重臣之命是听，遂坐于谦、王文谋逆之罪，处极刑。[34]

都御史与刑部、大理寺官员依法办案，若遇上专制皇帝一意孤行，轻者遭受责斥，重者其处境不堪设想。嘉靖五年（1526），左都御史聂贤、副都御史张闰、刘文庄与刑部尚书颜颐寿、大理寺卿汤沐等人会鞫李福达“谋反”罪，他们据狱情审实谳明，“对簿无异辞，奏请论磔”。然议礼诸臣张璁、桂萼欲借此事倾陷“议大礼”中的反对派。在他们的毁谤之下，明世宗以所谓“朋比罔上”之罪逮系聂贤、刘文庄、颜颐寿等人，皆夺官罢归，或遭谪戍。又命张璁摄都察院事，尽翻此案。[35] 嘉靖二十七年（1548）严嵩为了排挤、倾陷夏言，谋夺首辅之位，借曾铣莫须有的“罔上贪功、擅开边衅”

之罪，[36]诬夏言“与铣交通”罪。左都御史屠侨偕刑部尚书喻茂坚、大理寺卿朱廷立会鞫，他们上疏说：“言罪当死，但直侍多年，效有劳绩，据律宜在议能议贵之条，且词未引伏或有别情，非臣等所敢轻拟。”对此，明世宗不仅不听纳，反责其“恣朋护之私”，夺其俸。[37]十月，夏言竟遭弃市。

都御史会鞫大狱，慑于各种政治势力的压力，常常处于进退两难的境地。嘉靖二十九年（1550）“庚戌之变”，兵部尚书丁汝夔等以怯战、御寇无策获罪。明世宗“欲大行诛以惩后”，敦促法司迅速审理。但丁汝夔曾向严嵩求救，都御史屠侨等人由于畏惧严嵩权势，问拟迟缓，这便惹怒了明世宗，屠侨等因之受杖四十，降俸五等。[38]

如前所述，都御史偕刑部、大理寺会鞫大狱重囚，主要受到两个方面的牵制和影响。一是专制皇权和政治纷争的制约；二是非司法机关和官员的干预。其中尤以中官、厂卫的干预为害剧烈。但究其根本，专制主义中央集权制度是影响都御史执法的最大因素。永乐二十二年（1424）十二月，明仁宗谕左都御史刘观：“朕于刑法未尝敢以喜怒增损。卿等鞫狱之际，当虚心听察，量其情实，有罪不可幸免，无罪不可滥刑。持法明信，明人有所畏而不敢犯。若其不明其情而任己轻重，或迎合朕意使人含冤抱恨者，朕之所恶，卿等其慎以为戒。卿等皆国之大臣，非独自己当存矜狱之心。如朕一时过于嫉恶，处法失中，卿等更须执正，毋以乖逆为虑。”[39]明仁宗是明代著名的开明帝王，从维护明王朝长远的统治利益出发，他要求持法明信，唯实不唯上。但是在极端的专制主义制度下，要真正做到这一点谈何容易！

四、提督各道

作为都察院堂上官，都御史对其属官十三道监察御史，执行下述两项管理职能。

1. 督率与戒饬

洪熙元年（1425），明仁宗谕少师兼吏部尚书蹇义时指出："御史，朝廷耳目之官，惟老成识治体者可任。新近小生遽受斯职，未达政治之体而有可为之权，遇事风生，以喜怒为威福，以好恶为是非，甚者贪秽无藉，贤人君子正直不阿往往被其凌辱，小人阿顺从谀则相与为胶漆。其于政事得失、军民利病略不究心，安在其为耳目也！"又说："都御史十三道之表，如都御史皆廉清公正，各道御史虽间有不才，亦当知畏惮。"[40] 在这里，明仁宗强调了都御史的表率作用及其重要性。御史为明王朝耳目之寄，纪纲法度所系，关系甚大，欲其勉于职守，在很大程度上取决于都御史能否正己督下，作好表率。天启初年，都御史赵南星说："臣无职也，以诸御史为职，诸御史皆称其职，即臣之称职。"[41] 崇祯十五年（1642）九月，左都御史刘宗周指出都察院职掌，"在正己以正百僚。必存诸中者，上可对君父，下可质天下士大夫，而后百僚则而象之。大臣法，小臣廉，纪纲振肃，职掌在是，而责成巡方其首务也。巡方得人，则吏治清，民生遂"。[42] 他们分别从不同角度论说了都御史对御史的督率作用。

都御史御下，除发挥正己以律人的督率作用外，还要严加戒饬，包括临时性的告诫，更重要的是对宪纲及其他法规的申明。

如遇差遣御史等情况，除皇帝亲敕谕戒之外，常令都御史对所差御史申饬条规。如永乐五年（1407）六月，因内使李进在山西采天花，“诈传诏旨，伪作勘合”，假公济私，为害军民，明成祖命差御史二员往山西“将李进一干为非之人鞫问明白，械送京师”。同时要求都御史令受任之御史认真查办，“用心推治，不可容纵”。[43]宣德二年（1427）二月，明宣宗谕示右都御史王彰：“御史巡按，当务大体。先须清心寡欲，然后能明察庶事，伸理冤抑，兴利除害。若逞小才作威福，此岂朝廷委任之意，卿须戒饬之。”[44]

法规的申明，是对御史带有普遍意义的戒饬。明初，曾根据都察院职守的性质、风宪官员的责任和义务等方面的情况，明政府制定并颁行《宪纲》，为监察官员规定了一个总的行为准则。[45]为了加强对监察御史的约束和管理，须对《宪纲》反复申明。同时还要针对变化的情况和存在的问题，因时损益，奏请批准执行；对某些特定的有重大意义的差遣，如御史巡按，还要制定和申明某些具体的法规条章。这些都是都御史的责任。下面分别举例说明：

申明《宪纲》方面。嘉靖六年（1527）十月，署都察院事侍郎张璁奏请申明《宪纲》七条，主要是针对当时御史巡按所存在的因循苟且、越礼犯分、擅作威福等问题而提出的。[46]万历二十七年（1599）闰四月，左都御史温纯疏请申饬《宪纲》八条，主要宗旨在于“肃宪体”，“清吏治”，但疏上留中，未被采纳。[47]

具体法规方面，嘉靖九年（1530）正月，为了适应考察巡按御史的需要，右都御史汪鋐条陈《巡按约束十二事》，“凡御史岁终得代则逐条核其奉行之状”，以定废置奖劝。[48]隆庆五年（1571）三月，左都御史葛守礼申明巡按事宜，包括“正体统”“修本务”“慎访察”“简受词”“完勘合”“公举劾”等内容，明穆宗命“所在巡按从实举行”。[49]万历二十二年（1594）五月，都御史孙丕杨奏请将巡按御史条约汇为“巡规”，请刊书颁行，这一建议得到批准。[50]

2. 奏差与考核

凡差御史，都御史具事目请旨点差；御史公事完结回道，都御史考核具奏（详见下编第一章第一节关于十三道监察御史的考核、第三节中“点差御史的一般原则”及第二章第一节中关于差遣御史巡按的论述等）。

五、督理京营营政

都御史参预京营管理，始于景泰期间。

京军三大营，指五军营、三千营和神机营，其制备于永乐时期。三大营皆设提督内臣、武臣掌管。洪熙时，始命武臣一人总理营政。景泰年间，于谦创立团营，于三营都督中推一人充总兵官，监以内臣，都御史或兵部尚书一人为提督，京营中总兵官—文臣（都御史或兵部尚书、侍郎）—内臣结构的以文驭武、以内驭外的京营体制遂定。[51]

嘉靖以后，京营体制发生了变化。起初，命娴于兵事的都御史或兵部长贰一人领京营。嘉靖二十九年（1550），罢提督内臣，以武臣总督、文臣协理京营戎政。这种文武相济、以文驭武的体制延续到天启初年。

天启年间，魏忠贤用事，增内臣为监视。明思宗即位，撤而复用，营务尽领于中官。后兵事日急，“京军出防剿，皆监以中官”。[52]军无斗志，将士解体，以迄明亡。

纵观有明一代，由于监军内臣、纨绔营帅“占役买闲”等原因，造成了京军积弱的局面。都御史虽同兵部尚书、侍郎督理营政，但从总体上来讲，作为不大，只能在一定程度上起到整顿和修补的作用。不过，在管理京营方面，在将帅骄惰、内官坏军的情况下，都御史无疑是一个积极的力量。如孝宗即位后，命左都御史马文升提督京营。马文升慨然以整饬京营武备为己任，在其所上《为修饬武备以防不虞事疏》中，极陈役占营军之害，痛言京营操练无方之弊："近年以来，多拨做工，每占一二万之上。其工有一年不完者，甚至二三年不完者"，被役军士，月用银两不足，"负累疲弊，率多逃亡"。"京营教场操练军士，射箭舞牌之日多，走阵下营之日少。所以坐作进退之不知，攻杀击刺之不熟；虽习舞刀而刀法未谙，虽习放枪而枪法不知。"针对这些弊端，他要求"早为修饬"，以免"愈加废弛"，误"国家大事"。[53]他督理京营期间，许多建议得到了采纳。嘉靖年间，都御史王廷相提督团营，根据当时"兵政日弛，尺籍虽存而逃亡罔稽，营伍虽具而兵马欠精"的实际情况，上"选军""惜马""操练"三策，以期兵马精健，"营操着实而兵皆练习可用"。[54]王廷相之言颇切时弊。然而京营军政废坠已久，欲修举振饬何等困难！

除上述五个方面外，都御史尚有如下两个方面的职权：其一，遇廷议大政，廷推大臣，都御史皆得参预。不过常要求秩三品以上，故左、右佥都御史在一般情况下不得予其事。其二，奉敕出巡。都御史作为明王朝颇有威权的大臣，常奉命出巡，或执行某种特殊使命，如考察官吏、巡视边关、赈济饥民；或镇抚一方，如镇守、巡抚某处、总督某地军务等，各专敕行事（详见第二章有关论述）。

注释：

[1] 洪武十五年（1382）十月，更置都察院，设监察都御史八人，正七品。十六年（1383）六月改都察院为正三品，设左、右都御史各一人，正三品；设左、右副都御史各一人，正四品；设左、右佥都御史各一人，正五品。十七年（1384）正月，升都察院为正二品衙门，同六部。坐院都御史设官员额、品秩遂定。建文元年（1399），改设都御史一人，左、右副都御史各一人，革佥都御史。二年（1400），更都察院为御史府，设御史大夫。永乐鼎革，复洪武十七年之制。

[2]《明史》卷七三，《职官二》。另注：本书所言都御史，在非特别说明的情况下，皆指坐院都御史。

[3] 孙承泽：《天府广记》卷二三，《都察院》。

[4]《刘子全书》卷十七，《恳祈圣明俯容免以肃宪纪疏》。王有立主编“中华文史丛书”之五十七，台湾华文书局印行。

[5]《明宣宗实录》卷四五，宣德三年七月戊午条。

[6][7] 张孚敬：《论馆选巡抚兵备守令》，《明经世文编》卷一七七。其上此疏的时间，见于《天府广记》卷二三。

[8]《大明会典》卷一二，吏部十一，《考核一》。附：明代御史虽为都御史的属官，“然御史独不系都察院”（孙承泽《春明梦余录》卷四八），在政治活动中有其相对的独立性，故明人言都察院，多数情况下是指都御史，而对御史及公差巡按等官，则常常单独谈及。

[9]《明太宗实录》卷一二三，永乐九年闰十二月乙丑条。

[10]《大明会典》卷一二，吏部十一，《考核一》。

[11][13]《大明会典》卷一三，吏部十二，《朝觐考察》及《京官考察》。

[12]《明史》卷七一,《选举三》。

[14]《明神宗实录》卷五〇二,万历四十年闰十一月壬申条。

[15]《明史》卷七一,《选举三》。

[16]《明史》卷二二四,《孙丕扬传》。

[17] 许大龄:《明朝的官制(一)》,《文史知识》1987 年第 4 期。

[18]《明史》卷二二〇,《辛自修传》。

[19][21]《明史》卷二二〇,《温纯传》。

[20]《明史》卷二一八,《沈一贯传》。

[22]《明史》卷九四,《刑法二》。

[23]《明宣宗实录》卷三六,宣德三年二月戊辰条。

[24] 方孝孺:《逊志斋集》卷一七,《御史府记》,四部丛刊本。

[25]《中丞集·中丞遗事附录》,四库本。

[26]《明史》卷九四,《刑法二》。

[27]《大明会典》卷二一一,《都察院三·审录罪囚》。

[28]《明史》卷九四,《刑法二》。

[29] 同上。会官审录之例,定于洪武末;作为一项制度,则形成于天顺成化间。

[30]《明史》卷九四,《刑法二》引明宣宗语。

[31] 林俊:《正法守疏》,《明经世文编》卷八七。

[32]《明史》卷九五,《刑法三》。

[33]《明世宗实录》卷八〇,嘉靖六年九月己丑条。

[34]《明史》卷一七〇,《于谦传》,《明英宗天顺实录》卷二七四,天顺元年正月。

[35]《明史纪事本末》卷五六,《李福达之狱》。

[36]《明世宗实录》卷三三二，嘉靖二十七年正月丙午条。

[37]《明世宗实录》卷三三五，嘉靖二十七年四月丁未条。

[38]《明史》卷二〇四，《丁汝夔传》。

[39]《明仁宗实录》卷五上，永乐二十二年十二月。

[40]《明仁宗实录》卷一〇，洪熙元年五月辛未条。

[41] 赵南星：《申明宪职疏》。转引自《春明梦余录》卷四八。

[42]《明史》卷二五五，《刘宗周传》。

[43]《明太宗实录》卷六八，永乐五年六月庚子条。

[44]《明宣宗实录》卷二五，宣德二年二月甲申条。

[45] 关于明初《宪纲》的制订、颁行情况，参见本书下编第一章第一节注文。

[46]《明世宗实录》卷八一，嘉靖六年十月丁未条。

[47]《明神宗实录》卷三三四，万历二十七年闰四月丁酉条。

[48]《明世宗实录》卷一〇九，嘉靖九年正月乙卯条。

[49]《明穆宗实录》卷五五，隆庆五年三月丙子条。

[50]《明神宗实录》卷二七三，万历二十二年五月庚子条。

[51] 京营结构及体制的观点，可参见本编第二章第三节。

[52]《明史》卷八九，《兵一》。

[53]《明经世文编》卷六三。

[54] 王廷相：《修举团营事宜疏》，《明经世文编》卷一四八。

第二节 坐院都御史与明代政治

刘宗周在其《条列风纪疏》中指出："国家设立内台，与六部相提衡，为天下风纪之司，固理乱安危之所自出也。"[1]都御史为都察院的堂上官，总司风纪，在明代政治生活中占有重要地位（见上节对都御史职责的讨论）。下面，我们拟对都御史与其他主要政治势力的关系作一剖析，借以观察和把握都御史行使职责的条件和政治环境。然后，根据有明一代政局的变化，讨论一下都御史政治地位的变迁。

一、都御史与其他主要政治势力的关系

1. 都御史与皇帝

皇权是决定都御史行为举措的最根本的力量，是都御史行使其职权的政治保障。皇帝作为皇权的主体和象征，其与都御史的关系，具体表现为如下几个方面。

（1）决定都御史的任免

都御史的选用有三种途径：满考升任、廷推、皇帝亲擢。据《大明会典》："洪武间定，四品以上官员，九年任满，黜陟取自上裁。"[2]由此可知，官员考满任命都御史，直接由皇帝负责。若遇都御史缺员，不待考满，则由廷推和大臣推荐经皇帝亲擢的方式任用。廷推由吏部会官举行，无论是左右都御史、左右副都御史、左右佥都御史，皆上二人，"请自上裁"。[3]这三种途径无论是哪一种，其决定权都掌握在皇帝手中。

都御史的考核、黜陟权亦由皇帝掌握。一考、再考，"引至御前

奏请复职”，[4] 考满考核和京察自陈，皆听“上裁”。满考升迁与黜降、改任别职，或因事罢免、致仕，皆由皇帝定夺。

（2）规定都御史的行为方向

皇帝的意志高于一切，都御史的行为在很大程度上受着皇帝的制约。明成祖时，都御史陈瑛掌院，“以刻酷济其奸私”，“荼毒善类”。[5] 一上任，即上疏要求“追戮”建文死节诸臣黄观、廖升、王叔英、周是修、王良、颜伯伟等人，后“阅方孝孺等狱词，遂簿录（黄）观、（王）叔英妻女，皆将给配”。[6] 治胡闰狱，“所籍数百家，号冤声彻天”，“于是诸忠臣无遗种矣”。除此以外，又“劾历城侯盛庸怨诽当诛，庸自杀”；“劾长兴侯耿炳文僭，炳文自杀；劾驸马都尉梅殷邪谋，殷遇害”。如此，“专以搏击为能”。陈瑛这样做，究其原因，除“天性残忍”的个人因素外，更重要的还取决于明成祖的意志。《明史·奸臣陈瑛传》即指出，朱棣“以篡得天下，御下多用重典”，以陈瑛“为能发奸，宠任之”。陈瑛“为都御史数年，所论劾勋戚、大臣十余人，皆阴希帝指”。[7] 由此我们可以清楚地看出，明成祖朱棣是陈瑛倾诬排陷大臣的幕后主使者，陈瑛只是充当了朱棣杀戮、迫害建文臣僚和重典御下的工具而已。

对都御史来说，皇帝的意志是不可违背的。嘉靖八年（1529）左都御史熊浃因张柱案被削职为民。时“京师民张福诉里人张柱杀其母，东厂以闻”。[8] 其实，张福自杀其母，此案本与张柱无关，皆因东厂蓄意罗织而成。“敕下法司会鞫，众依违”，坐张柱死，独熊浃“力白其枉”。[9] 然而，“当是时，帝方疾孝、武两后家，柱实武宗后家夏氏仆，故帝必欲杀之”。[10] 这样，熊浃便与明世宗的旨意发生了冲突，遂遭罢免。

（3）为都御史行使职权提供权力保障

都御史纠劾、考察百官，谳平大狱，奏差、考核御史，职司纪纲法度，职权所及，皆关利害，没有皇权作保障，欲使其恪尽职守是不可能的。王夫之言："总宪得其人，则吏治自饬。""顾公佐之在都察院"，"其明效也。"[11] 此言指出了总宪得人的重要性。但我们认为掌院得人只是一个方面，还要总宪得其君。顾佐掌院振扬风纪，为人们津津乐道，其实宣宗的作用不可低估。宣德三年（1428），明宣宗有感于当时纪纲废弛、贪墨成风的实际情况，下决心整顿都察院，罢黜以贪著闻的左都御史刘观，擢"廉有威重，刚棱不挠"的通政使顾佐为右都御史，"赐玺书，令湔涤积弊"。[12] 这首先做到了擢用得人。在此基础上，还为其尽职创造条件，扫除障碍。顾佐受命之后，奏黜贪玩不职，举荐贤能，使得"宪度严明，宿弊清革，吏卒凛然"。时"吏有遭挞者，捃摭其过，谓受皂隶赂放归，悉具姓名以诉"。明宣宗明悉究竟后，将此吏"付佐自治"。[13] "或告佐不理冤诉。帝曰：'此必重囚教之。'命法司会鞫，果千户臧清杀无罪三人当死，使人诬佐。帝曰：'不诛清，则佐法不行。'磔清于市"。[14]

言及都御史得其君，戴珊亦为一例。戴珊于弘治十三年（1500）以南京刑部尚书召为左都御史。明孝宗"知其清慎"，"以天下事推诚付托，犹家人父子"。每从容论政事，造膝宴见，至移晷刻。一日召对，亲赐他和刘大夏白金二锭，说："朕闻朝觐日，文官避嫌，有闭户不与人接见者。如卿等，虽开门延客，谁复以贿赂通也？朕知卿等，故有是赐。"戴珊既受信用，"益自检律，务持风纪，虽簿书之细，必极精核"。[15] 十七年（1504）考察京官，"廉介不苟合"。"给事中吴蕣、王盖自疑见黜，连疏诋吏部尚书马文升，并言珊纵妻子纳贿”。为了保证察典的顺利进行，明孝宗命上吴、王“两人事迹，皆黜之”。[16]

都御史行事，皇权的保障至关重要。如果得不到皇帝的支持，总宪不得其君，即使总宪得其人，欲振扬风纪也是不容易做到的。万历间左都御史温纯掌院，秉公持正，慨然以整肃朝纲为己任。针对当时御史缺员太多、差用严重不足的情况，他连上章疏要求明神宗“早俞考选”，“早赐特允”，“以济急用以全国体”，[17]但皆留中不报。对矿监税使四处骚扰，侵夺地方，贻害百姓，他不仅上疏反对，要求罢矿税，还倡率大臣伏阙泣请，无奈明神宗一意孤行，温纯的努力无济于事。此外，他还劾罢不法御史，会谳大囚，辩诬理枉，考察官吏，务除贪墨。可明神宗不辨曲直，温纯得不到支持，又受到来自其他方面的阻挠，结果被予致仕。[18]他整饬纪纲的良好愿望，满腔热血和艰辛的努力皆付诸东流。

我们强调总宪得其君，即皇帝为都御史行使职权提供权力保障的重要性，但并不等于说，可以忽视都御史的作用，尤其是掌院都御史的重要性。嘉靖四十五年（1566），左都御史张永明在辞疏中指出：“中台系纪纲之司，都御史为风宪之长，苟非其人，曷称斯任？”[19]都御史既不能胜任，总宪不得其人，“法久而弛，令熟而玩，种种受弊之端遂开”，[20]纵然遇上开明的君主，除非将其罢黜，否则是不能收到吏治澄清、纪纲肃然的效果的。仁、宣之际，刘观为左都御史掌院，“善以智笼人，私纳贿赂”，在朝臣中赃贪最甚。本来，“风宪所以警肃百僚”，都御史作为宪长如此贪纵，“则不肖御史皆效之。不肖御史差出四方，则不肖有司皆效之”，国家纪纲法度之废弛可想而知。所以明宣宗本着“除恶务本”的原则，遂将刘观罢免。[21]

通过都御史与皇帝关系的讨论，我认为，欲使都御史恪尽职守，必须具备两个条件。其一，都御史用得其人，特别是总宪要得人，这是基础。其二，都御史得其君。皇帝明达治体，重视都察院的作用，自然会慎择廉能之人以付此任，同时为他们行使职权提供前提条件和权力保障。此二者，缺一不可。纵观有明一代，都御史得人的情况并不少见，而都御史得其君委实为数不多。

2. 都御史与内阁大学士

内阁大学士是明代一支主要政治力量，它的影响渗入明王朝政治生活的各个领域，都察院也不例外。

仁、宣之际，阁权始重。“诸大学士历晋尚书、保、傅，品位尊崇，地居近密，而纶言批答，裁决机宜，悉由票拟。”[22]特别是明宣宗，“内柄无大小，悉下大学士杨士奇等参可否”。[23]宣宗欲整顿都察院，即召杨荣、杨士奇商讨，遂罢左都御史刘观，用杨士奇荐任命通政使顾佐为右都御史掌院。[24]自此以后，内阁权力逐渐加强。到嘉靖时，张璁、夏言、严嵩等“相继用事，六卿之长不得其职”，都察院职权也受到侵越，都御史行事处处受到牵制，国家纪纲法度无力振饬。左都御史周用掌宪，“慎自持而已，无所献替”。屠侨“居职八年。属严嵩柄政，风纪不振”。周延掌院时，“权臣用事，政以贿成”，他“居台端七年，无谏诤名”。[25]接着徐阶、高拱、张居正为首辅主政，内阁势力日趋膨胀，都御史行事遇到的阻力也日益增大。致使他们或依附苟合，或周旋其间。嘉靖四十五年至隆庆四年（1566—1570），左都御史王廷掌院，他“素与元辅徐阶善”，给事中张齐“希次辅高拱旨”，攻讦徐阶。[26]王廷发张齐“奉命赏军宣大”纳贿，张齐下诏狱。后高拱复起，王廷“恐其修隙”，遂托故辞归。[27]万历六年（1578），张居正回籍葬父，“湖广诸司毕会，巡按御史赵应元独不往，居正嗛之。及应元事竣得代，即以病请”，佥都御史王篆“迎合居正意，属都御史陈炌劾应元规避”，[28]赵应元遂被落职为民。如此，在内阁大学士炙手可热的权势之下，都御史依阿奔走之不暇，尚何言振饬纪纲法度呢！张居正之后，虽然内阁权势稍有下降，但积重难返，都御史行使职权仍然处处受到掣肘。上节所述万历十五年（1587）左都御史辛自修主持的丁亥京察因遭到内阁大学士申时行的阻挠而失败，即为明证。

3. 都御史与六部长贰

明太祖废中书省，罢丞相，政归六部；罢御史台，改置都察院；六部综理庶务，都察院监察纠劾。如此，奠定了都察院与六部并重的地位。所以清修《明史》创《七卿表》，可谓中肯。

都御史与六部长贰权均势等，六部尚书侍郎常改都御史或署理院事，都御史也常改任或署部职。但这并不等于说其地位绝对平等，没有先后之分。一般来讲，就七卿而言，尚书的地位略高于左右都御史。他们虽同为正二品秩，但左右都御史改尚书称作“迁”，而尚书改任掌院则径称“改”。

在六部中，都御史与吏部、刑部堂上官联系较为密切。和刑部、大理寺堂上官会鞫大狱重囚，与吏部尚书或侍郎主持考察内外官员等情状，上节已述。这里应予指出的是，对都御史的选用，虽决定权由皇帝掌握，但吏部堂上官也拥有一定的权力，或命其咨访，如洪熙元年（1425）五月，明仁宗谕吏部尚书蹇义“咨访可任都御史者以闻”；[29]或令其主持会推，在推举中，其建议往往起关键作用。

4. 都御史与宦官

都御史和内臣的关系主要体现为如下两个方面。

第一，内臣操纵、干预都御史的人事变动，培植鹰犬和爪牙。

朱元璋说：“纪纲法度，为治之本，所以振纪纲、明法度者，则在台宪。”[30] 都察院通过行使监督纠察职权，弹击不法，扶掖良善，激浊扬清，起着维护封建官僚政治体制正常运行的作用。明代宦官，这个腐朽反动的势力，为了达到其破坏封建纪纲法度的目的，也把脏污和罪恶的触角伸向了都察院。干预和操纵都御史的任免，是他们的一个重要手段。这类事例很多，不胜枚举，兹择其为害之大者，述之于后。

汪直进用戴缙。宪宗时，汪直专权乱政，以西厂缉事，挟势害人，“公私骚扰，道路以目，朝臣亦皆惴惴不自安”。[31] 在大学士商辂等人的力争下，成化十三年（1477），诏罢西厂。恰在此时，监察御史戴缙“首媚汪直，为之鹰犬，陈言汪所行皆公”。于是汪直又得以重掌西厂。“汪直荐缙升都察院右佥都御史。十五年（1479），又荐升右副都御史”“十七年（1481），又荐升右都御史，代王越掌院。”其实，戴缙本是“性行素不端”之人，他“在台不持风纪”，“甘心（汪）直党，纲纪扫地”。[32]

刘瑾荐举刘宇。起初，刘宇奉命总督宣、大军务，“时瑾专政，宇克边储，首以万金赂之”，遂“入掌院事”。[33] 刘宇掌院后，不仅“恃瑾横恣”，还唯刘瑾之命是听，一心迎合趋附。刘瑾“摧折台谏，（刘）宇缘意，御史有小过，辄笞扑之”。[34]

宦官干预都御史人事最甚者是魏忠贤举用崔呈秀。崔呈秀巡按淮、扬，赃私狼藉，为左都御史高攀龙劾奏议戍。窘急之下，投奔魏忠贤，遂于天启六年（1626）十月，升左都御史掌院。[35]

温纯说：“都察院正维风纪之地，而左都御史乃总宪之官，朝廷倚其风力以振肃朝纲，各都御史亦资其督率以澄清天下，必端方明达而后可以消官邪，必洁肃公忠而后可以贞宪度。”[36]这里所言是掌院都御史的作用，其实所有坐院都御史皆负有督率百僚、振饬纪纲之责。然而，在内臣的干预和操纵下，上述此类趋炎附势、贪鄙无耻之徒窃居都御史之职位，专以摧抑正直、破坏纪纲法度为能事，都察院这个“清要之地”反成为污源了，其恶劣影响和后果当可想而知。

第二，正直的都御史为维护封建纪纲法度对内臣势力展开斗争。

在斗争中，他们代表了封建统治阶级的长远和整体利益，显示了正义的力量。但是，由于皇帝昏庸无道，宠信宦官，他们常常受到迫害，或被致仕，或遭贬谪。正德初，刘瑾等窃权专政，左都御史张敷华联合诸大臣列名上请废刘瑾，又上疏力谏明武宗，历数刘瑾的罪恶。他指出：“陛下宴乐逸游，日狎憸壬，政令与诏旨相背，行事与成宪交乖，致天变上干，人心下拂。”科道连章论列，大臣列名上请，依然置若罔闻。“政令纷拿，弊端滋蔓。夫国家大事，百人争之不足，数人坏之有余，愿陛下审察。”[37]疏入，留中不报，刘瑾大怒，明武宗遂命张敷华致仕。天启时，魏忠贤擅权为恶，败坏纪纲，荼毒正直，弄得朝野上下一片乌烟瘴气。面对魏阉嚣张气焰，左都御史高攀龙、左副都御史杨涟、右佥都御史左光斗挺身而出，强烈谴责魏忠贤的弥天大罪。特别是杨涟，弹劾魏忠贤二十四大罪状，使魏忠贤的罪孽暴露无遗，昭彰于天下。[38]不可否认，他们都是明王朝统治阶级中的铮铮铁汉。令人痛心的是，这些精忠正直之士，都惨死在阉竖的屠刀之下。他们个人的悲剧，同时也是朱明王朝的悲剧。我们从这里可以看到明王朝统治的腐朽，看到都御史行使职权的社会政治环境是多么险恶。

二、都御史政治地位及其变迁

通过对都御史与其他主要政治势力关系的讨论，可以看到，皇权是都御史行使职权的基础和保障，但要求皇帝明达治体；六部长贰与都御史地位并重，权均势等；内阁随着其势力的发展和膨胀，逐渐成为牵制都御史行事和侵夺都御史职权的力量；内臣由于其本身的腐朽和反动，对都御史履行职权的阻挠和破坏自不待言。下面我们在这个认识的基础上，分析一下都御史在明代政治生活中的地位及其变迁。

总的说来，在明王朝专制政体下，皇帝总揽权纲，六部长贰综理庶务，都御史主纠察。通过行使监察纠劾权力，维护封建官僚体制的正常运行，这就是都御史的政治地位和作用。但具体说来，在明代历史发展进程中，随着政治环境的发展变化，各主要政治势力及其权势的分合消长，都御史的政治地位也有较大变迁。

正统以前，明朝封建最高统治者勤于政理，他们的统治相对来说比较开明，王朝专制政体弊端尚未充分暴露，其统治处于富有某些生机的上升时期。在专制皇权的支持下，都御史一方面积极参预当时的政治和社会变革，为维护皇权奔走效力。如建文时，练子宁纠劾曹国公李景隆“通款藩府，卖国丧师”之罪，[39] 陈瑛为明成祖实行高压统治“专务搏击”等。另一方面，绳愆纠谬，弹击不法，以维护正常的封建统治秩序。宣德时期，都御史权尊势大，顾佐在任，“纠正百僚，朝纲大振”。我们认为，当时比较安定的政治和社会局面的出现，所谓“仁宣之治”的形成，与都御史的作用分不开。遗憾的是，这种情况持续的时间短暂，到了英宗正统时期，都御史行使职权的政治环境开始恶化。正如明人李贤所言：及其（顾佐）告疾归，“继居其位者皆莫及。”[40]

英宗正统以后，由于宦官专权局面的出现，“都御史既受制于宦官，其言事又始终不能触及皇权，违背皇旨”，[41]从此，都御史的地位陡然下降，其行事处处受到宦官势力的阻挠和破坏。有些都御史惮于权势，不得不俯首听命，谄事奔走。前述戴缙、刘宇即属此类。谳平大狱、雪理冤抑，本是都御史天职，可正统时左都御史王文则完全背弃这一宗旨。正统八年（1443），“有武吏病死，其妾有色，（王）振侄王山欲夺之，妻持不可，妾因诬告妻毒其夫”。都御史王文究问，诬服。大理寺少卿薛瑄“辩其冤，屡驳还之”，王文遂“嗾御史劾瑄受贿，故出人罪。廷鞫，竟坐瑄死，下狱”。[42]成化间，左都御史王越附和太监汪直，“嗾御史冯瓘排诸大臣”，大学士商辂致仕后，尚书薛远、董方及左都御史李宾也相继遭诋毁致仕。[43]都御史职在激浊扬清，如此专务倾陷正直贤能之人，其职安在？正德间，左都御史屠滽虽不甘心充当刘瑾之鹰犬，但在刘瑾的淫威下惴惴不安，且屡遭挫辱。一日，明武宗“审录重囚本，内写‘刘瑾传奉’字重复数多，瑾怒骂之，滽率十三道御史谢罪。御史跪于阶下，瑾数其罪，斥责，皆叩头不敢仰视，久乃起”。[44]从这件事，我们可以看出都御史行事所遇到的阻力是多么大，履行职责多么困难！如此，何望其振肃封建纪纲法度呢？间有刚直不为所屈的都御史，如前述左都御史张敷华弹劾刘瑾之专横不法，不仅不被听纳，反倒遭刘瑾的倾轧排挤，令其致仕。总之，在宦官专制的局面下，都御史已不能发挥其纠正百僚、维护封建纪纲法度的作用了。

嘉靖以后，都御史地位再度下降。除宦官势力影响外，随着内阁势力的加强，都御史行事又受到内阁的干涉和阻挠。许大龄先生认为，“都御史此时的威风已扫地无遗”，[45] 确切地说明了这一时期都御史政治地位之低下的实际情况。试想，都御史行使职权，既要承内阁之意旨，又要受阉宦之破坏，加上在无休止的门户之争中邪派官僚的阻挠，振肃纲纪谈何容易！

有明一代，由于专制皇帝的腐朽，内阁权力的膨胀，特别是宦官势力的破坏，除很少的情况外，都御史没有真正起到他们应有的振肃封建纪纲法度的作用，也未真正享有他们应有的尊崇的政治地位，这是明王朝官僚政治腐败的一个重要原因和主要表现。

注释：

[1]《刘蕺山集》卷五，《条列风纪疏》。四库本。

[2][4]《大明会典》卷一二，吏部十一，《考核一》。

[3]《大明会典》卷五，吏部四，《推升》。

[5]《明史》卷三〇八，《奸臣传序》。

[6]《明太宗实录》卷一四，洪武三十五年十一月甲辰条。

[7]《明史》卷三〇八，《奸臣陈瑛传》。

[8][10]《明史》卷一九七，《熊浃传》。

[9] 张鏊：《太子太保吏部尚书北原熊公浃墓碣》，焦竑：《国朝献征录》卷

二五。

[11] 王夫之：《噩梦》。

[12] 京学志：《左都御史顾公佐传》，《国朝献征录》卷五四。此传言宣德三年擢顾佐为左都御史，误。另宣德三年擢廉洁公直的福建按察使邵玘为南京左副都御史整顿南院，邵恪尽职守，南京风纪大振。参见杨士奇《南京都察院左副都御史邵公玘墓碑》，《国朝献征录》卷六四。

[13] 徐学聚《国朝典汇》卷五三。

[14]《明史》卷一五八，《顾佐传》。

[15] 雷礼：《戴公珊传》，《国朝献征录》卷五四。

[16]《明史》卷一八三，《戴珊传》。

[17]《温恭毅集》卷五。当时御史缺员过半，或差遣逾期不得代，或一人兼数差，或未及复命即予拟别差。故温纯频频上疏，言辞颇激切。如在《乞速赐考选以全国体疏》中指出："臣等待罪中台，职司风宪，所籍以为皇上澄清宇内，振肃纲纪者，惟十三道御史是倚。使台差尚可支吾，臣何敢数为烦渎，顾事势至今日有万万不可缓者。"

[18]《明史》卷二二〇，《温纯传》。

[19]《张庄僖文集》卷四，《辞左都御史疏》，四库本。

[20]《刘蕺山集》卷五，《条列风纪疏》。

[21] 雷礼：《都御史刘观传》，《国朝献征录》卷五四。

[22]《明史》卷一〇九，《宰辅年表序》。

[23]《明史》卷七二，《职官志序》。

[24]《国朝典汇》卷五三。

[25]《明史》卷二〇二，《廖纪等传及赞》。

[26]《明神宗实录》卷二〇七，万历十七年正月辛酉条。

[27]《明史》卷二一四,《王廷传》。

[28]《明史》卷二二九,《王用汲传》。

[29]《明仁宗实录》卷一〇，洪熙元年五月辛未条。该材料台本漏录，此据江苏国学图书馆传抄本（黄彰健著《明仁宗实录校勘记》亦补入）。

[30]《明太祖实录》卷二六，吴元年十月乙卯条。自注：此虽对御史台而言，但改置都察院后，“振纪纲，明法度”之职责不变。

[31] 王世贞:《弇山堂别集》卷九二,《中官考三》。

[32] 雷礼:《南京工部尚书戴缙传》,《国朝献征录》卷五二。

[33]《明武宗实录》卷八七，正德七年五月癸酉条。

[34]《国朝献征录》卷一四，引《弇州别记・刘宇》。

[35]《明史》卷三〇六,《阉党崔呈秀传》。

[36]《温恭毅集》卷五,《乞赐别简以重风纪疏》。

[37]《明史》卷一八六,《张敷华传》。

[38]《杨大洪先生文集》卷上《劾魏忠贤疏》。

[39] 练子宁:《中丞集》附《中丞遗事附录》。自注：此时都察院更名为御史府，练子宁亦由右都御史改为右御史大夫，但其监察纠劾职权未变。

[40] 李贤:《古穰杂录摘抄》,《纪录汇编》卷二三。

[41][45] 许大龄:《明朝的官制》(三),《文史知识》1987 年第 7 期。

[42] 谷应泰:《明史纪事本末》卷二九,《王振用事》。

[43] 同上书卷三七,《汪直用事》。

[44] 同上书卷四三,《刘瑾用事》。

第二章　都御史总督巡抚制度

建文、永乐以后，明政府委派大臣出巡、镇守或巡抚地方，都御史亦予其事。他们奉敕出镇，“事完或得代，则回理院事”。[1] 景泰年间确立了都御史总督巡抚之制，规定“凡巡抚总督，必以都御史，尚书、侍郎必兼都御史”，从此有了坐院都御史与“在外都御史”即总督巡抚都御史之分。[2]

都御史总督巡抚有其特殊的原因和丰富的内容，它对明王朝的军事制度和地方政治等方面都产生了深远的影响。

第一节　都御史总督巡抚之制的确立

一、大臣出巡到督抚的设置

洪武年间，尚没有文职大臣出巡督理地方军政事务的情况。《春明梦余录》言：“天下设巡抚都御史，洪武未有也，太祖不欲以重臣令典钱粮兵马。”[3] 至建文、永乐间，明政府始委派大臣出巡。建文元年（1399）三月，遣“侍郎暴昭、夏原吉等二十四人充采访使，分巡天下”。[4] 永乐八年（1410）正月，皇太子朱高炽“以去年江北水患”，遣都察院右副都御史虞谦“往扬州、淮安、凤阳直抵陈州视军民疾苦”，查勘灾情，办理救灾事宜。[5] 永乐十九年（1421）四月，敕吏部尚书蹇义、礼部尚书金纯、都察院左都御史刘观、右都御史王彰、副都御史虞谦等二十六人“巡行天下，安抚军民”。[6]

洪熙、宣德间，大臣出巡开始有了较为固定的专门称谓，或曰巡抚，或称镇守，明代委派大臣出巡，逐渐显示出自己的特色。

王圻《续文献通考》言：“巡抚之名，本始于懿文太子巡抚陕西，取巡守抚军之义。”[7] 明政府派大臣巡抚地方始于何时，历来众说纷纭。[8]

洪熙元年（1425）正月，遣布政使周干、按察史胡概、参政叶春巡行应天、镇江等八府，察民利病。[9] 八月，周干还朝，指出“有司多不得人，土豪肆虐，良民苦之”，要求“命廷臣往来巡抚，庶民安田里”。经吏、户、工三部议允，即命胡概、叶春巡抚直隶及浙江诸郡。[10] 故《明史 · 宣宗纪》言：洪熙元年（1425）八月，“大理卿胡概、参政叶春巡抚南畿、浙江，设巡抚自此始。”[11] 此言得其肯綮。

宣德六年（1431）九月，遣于谦、周枕等六侍郎巡抚两京、山东、山西、河南、江西、浙江、湖广等处。[12] 此后，明中央政府派员巡抚地方，成为一种经常性的举措，巡抚的地域不断扩大，其使命和职责也不断加以拓宽和加强。

巡抚之外，又命大臣分往边腹镇守。如宣德十年（1435）正月，廷议遣大臣出镇，遂命右佥都御史王翱镇守江西、户部侍郎王佐镇守河南。[13] 三月，命右副都御史陈镒镇守陕西。[14] 六月，命兵部右侍郎徐晞参赞军务，镇守甘肃。[15] 巡抚、镇守并称为“镇巡官”。

《大明会典》对二者不作区分，“国初遣尚书、侍郎、都御史、少卿等官巡抚各处地方，事毕复命，或即停遣，初名巡抚，或名镇守”。[16]这有一定道理，同为文臣出巡，并有一人兼镇守巡抚的情况。如王佐被召回京，便命巡抚侍郎于谦兼理。[17]但二者事权不尽同。如正统三年（1438）五月，镇守陕西右副都御史陈镒疏奏，“延安、绥德二府税粮即远馈宁夏，又分拨本处，边堡供给不敷，乞令巡抚官于二处取勘各官员庄田，验数纳粮，以备军饷”，[18]显然巡抚镇守二者行事各有所重。至天顺初，鉴于“镇守既有总兵，又有内监”，故文臣出巡，“不复有镇守之称，但称巡抚”。[19]

总督的设置较晚。宣德七年（1432）二月，命工部右侍郎罗汝敬往陕西总督税粮屯种及刍粟出纳河渠等事。[20]这是专项事务类型的总督。对明代社会发生深远影响的督理地方重大军政事务的总督的设置，则始于正统六年（1441）征麓川时，以“兵部尚书王骥总督军务”。[21]景泰至成化年间，两广、陕西三边总督的设置成为定制。至嘉靖时期，遣大臣总督军务已成为比较普遍的现象。

此外，大臣之外派，还有很多名目。如整饬边关、提督边关、抚治流民、总理河道等，皆因事特设，其事权与督抚有相同之处。

二、确立都御史总督巡抚制度

从上述可知，景泰以前，明政府遣大臣到地方总督、巡抚、镇守，沿习建文、永乐间大臣巡行之例，不专委都御史，亦以六部尚书、侍郎，通政司通政使、左右通政，大理寺卿、少卿等大臣任之。

景泰三年（1452）三月，命刑部右侍郎耿九畴镇守陕西。四年，陕西布政使许资奏称：“侍郎镇守，与巡按御史不相统属，行事矛盾，人难遵守，况文移往来，亦多窒碍，乞将九畴改授宪职，庶便于行事。”[22] 明政府采纳了他的建议，改耿九畴为都察院右副都御史，仍旧镇守陕西。不仅如此，还将这个建议制度化，规定大臣镇守、巡抚、总督，皆授都御史。这是一个有重大意义的决定，它使此后近 200 年间大臣总督、巡抚皆纳入都察院系统，实现了向宪臣化的转变，[23] 至此，都御史总督巡抚制度正式确立。

明代督抚的宪臣化、都御史总督巡抚制度的确立不是偶然的，它是明代统治者在总结几十年大臣出巡及巡抚、总督、镇守等实践的基础上，针对在派遣大臣和巡按御史过程中所存在的实际问题而确定的，其宗旨主要表现为以下两个主要方面。

1. 正名定分

大臣出巡或巡抚、镇守地方，执行监察官员的职能，当授宪职。他们作为皇帝的钦差，考察官吏，询问民情，纠劾处治一应不公不法之事，享有广泛的军事、行政监察权及在此基础上对实际事务的执行处理权，实际上是明政府监临地方的耳目风纪官员。暴昭“充北平采访使，得燕不法状，密以闻，请预为备”。[24] 夏原吉巡福建，“核吏治，咨民隐”。[25] 蹇义巡行直隶应天诸府，“问兵民休戚及文武吏之贤否而升黜之”，询查“兵民利弊当建革者具奏行之”。[26] 王彰巡行河南，当时河南发生特大水灾，人民背井离乡、流离失所，而地方有司“长吏不加恤”，王彰“奏黜贪刻者百余人，罢不急之务十余事”。[27] 熊概巡抚浙江，当时“吴浙诸郡军民有豪横者”，遂“察其素为民蠹者数十人械至京师，置于法”。[28] 陈镒镇守陕西，“所至条奏军民便宜，多所废置”。[29] 凡此等等。

大臣巡行或镇、抚地方，依敕行事。下面再分析一下其所奉敕书或敕谕。洪熙元年（1425）正月，明仁宗敕谕周干等人："今特命尔等巡视应天、镇江、常州、苏州、松江、湖州、杭州、嘉兴八府，其军民安否，何弊当去，何利当建，审求其故，具以实闻。"[30]宣德五年（1430），遣行在工部左侍郎许廓巡抚河南，敕曰："今命尔往河南巡抚，凡军民有利当兴者即举之，有害当除者即革之；民有饥窘逃徙者，即令复业，免其税粮。一切应行诸事，皆与河南三司计议行之，具由来奏。诸司官吏贪赃坏法、虐害军民者擒问解京，奉公守法、爱养军民者具名以闻。"[31]正统四年（1439）十二月，敕谕巡抚南北直隶行在都察院右佥都御史张纯、大理寺右少卿李畛曰："今特命尔纯于顺天、保定、河间、永平四府，尔畛于真定、顺德、广平、大名四府所属州县往来巡视民瘼，其间有田禾被灾、人民缺食者，就令所司支粮赈济……其府州县官及抚民官果有贪酷不才或疲软无能、不堪任事者，体审明白，即起送赴京，别选贤能以图安养。"[32]从这些敕书可以看到，他们享有考察举劾官吏的监察权，建议兴革的言事权和建立在监察权基础上的对实际事务的执行处理权，和都御史及监察御史、巡按御史的职权性质是一致的，所以说他们实际上是行使监察官员的权力。

但是，在非都御史的情况下，若作为六部、通政司、大理寺等机构的官员出镇或巡抚地方，虽奉有敕书，身为钦差，假有王权，但本身并非宪职，却行使宪臣的权力，显然其官衔与所行事的内容不相符合。况在地方，执行监察任务的还有巡按御史、提刑按察司等官员，在处理实际事务中，往往因没有统属关系发生龃龉和纷争，形成许资所讲的那种"行事矛盾、人难遵守、事多拘滞"的局面。如起初，明政府敕侍郎巡抚各处，遇有词讼，重者会布政司、按察司或巡按御史鞫问。宣德七年（1432），“吏部右侍郎赵新往江西，江西按察司谓非六部统属，承行词讼多不回报”。赵新遂“咨行在礼部取明，降礼部奏，欲行都察院”，令按察司回报。于是都察院右都御史顾佐疏言：“圣朝内设监察御史，外设按察司，凡诸司官不公不法，皆得纠举，故与诸司无承行，所以重耳目之寄，崇纪纲之司也。今侍郎赵新欲令按察司以问完词讼回报，盖刑名重事，乃刑部、都察院所掌。纵使按察司回报，不惟其难擅决断，抑恐其专肆妄为，又虑御史、按察司被其挟制，曲法阿从，以致颠倒是非，出入人罪，此尤不可。”可见，在巡抚设置之初，即存在着巡抚侍郎与按察司、巡按御史因不统属而导致“事多拘滞”的问题。当时，根据顾佐的建议，规定了巡抚侍郎与巡按监察御史、按察司文移事例：各处巡按御史及按察司，遇有巡抚侍郎送到词讼，“其间果系切要重事，则遵敕问理，奏解赴京决遣。如有干碍军职及五品以上文官及当奏之事，则奏请裁决，仍照例呈都察院”，巡抚侍郎凡有事务，“止行移布政司及府州县，转行巡按御史、按察司行之。若非切要重事，不得一概径行”。[33]但是，这个规定并不能从根本上协调巡抚侍郎与巡按御史、按察司官的关系，因为它并没有解决不相统属而行事矛盾的问题。

为了改变这种状况，其切实可行的办法就是将派出镇守、巡抚的官员皆授宪职，整齐划一，纳入都察院系统。这样，一方面解决了巡抚侍郎官衔与行事名实不符的矛盾，使他们在行使监察权及具体事务执行权的过程中，顺情合理，名正言顺；另一方面，也使他们与巡按御史、按察司官在系统问题上有了明晰的联系，便于文移往来。可见督抚授宪职，确立都御史总督巡抚制度势在必行，理所当然。

2. 威慑牵制巡按御史

陆容《菽园杂记》言:“景泰以来,悉置都御史。初意盖以御史在外,多浮薄不逊,以此轧之耳”,[34] 这指出了明代督抚宪臣化的一个主要意图。明政府派遣巡按御史“代天子巡狩”,假以重权,寄以重任,视为耳目。然御史出按,多有骄纵恣肆、职守不修、徇私废公的情况。明宣宗就曾指出巡按御史“多轻薄少年,不以礼法自治”。[35] 考察有司官吏,“重厚廉介不能逢迎阿附者,多考平常,而贪墨奸诡善于趋媚者,反考称职”,[36] 如此,“使贤良不安于位,而邪佞得以苟全”。[37] 听断词讼,则“假其权位,贪图贿赂以至是非倒置,冤抑无伸,而风纪之道遂至废弛”。[38] 针对这种情况,正统十四年(1449)六月,明英宗下诏申令巡按御史如“不能扶正抑邪,除害安民”,造成“风纪不振、下僚恣肆”者,“听都御史纠劾拿问”,[39] 赋予了都御史对巡按御史的束缚控制权。所以,将镇巡官纳入都察院系统,授宪职,以都御史为之,就从制度上规定了他们的统属关系,在一定程度上可以对巡按御史起到威慑和限制作用。《万历野获编》说督抚“专用宪臣”,“盖欲以堂官临御史,初犹以属礼待之”。[40] 抚按公会文移,“都御史正坐,御史旁坐;都御史札付,御史具呈”。[41] 但是,由于都察院内部都御史与御史的隶属关系本来就比较松散,明政府对督抚与巡按之间的关系也不断调整和变更。如到了万历时期,巡按御史的势力很大,抚按之间“文移毫无轩轾,相与若寮寀(采),抚臣反伺巡方颦笑,逢迎其意旨矣。”[42] 所以,对总督巡抚都御史对巡按御史的威慑作用,还要根据具体情况来说明。

三、总督巡抚都御史设置概况

明代，都御史出理地方军政事务，名目繁多，情况相当复杂，但归结起来，则有总督、巡抚两大类。这里我们以总督、巡抚为纲，将其设置的一般情况，按地区类别及职掌类别条示于后。应当说明的是，景泰以前，部院大臣出巡及巡抚地方，从严格意义上讲，并不完全属于都御史总督巡抚制的范畴，但它从实践上为都御史总督巡抚制的确定奠定了基础，是该制度的先声，为便于明其沿革，在此亦择要述列。

1. 巡抚都御史

（抚治、赞理、提督等附）

（1）畿辅地区

巡抚顺天等府都御史一员。[43] 成化二年（1466）定设都御史赞理军务，整饬蓟州等处边备，巡抚顺天、永平二府。不久兼抚河间、真定、保定三府。七年（1471）兼理八府。八年（1472），以畿辅地广，从居庸关中分为二巡抚，其东为巡抚顺天、永平二府，驻遵化。崇祯二年（1629），“又于永平分设巡抚兼提督山海军务，其旧者止辖顺天”。[44]

巡抚保定等府都御史。成化八年（1472）从畿辅分出，辖保定、真定、河间、顺德、大名、广平六府，提督倒马、龙泉、紫荆等关，驻真定。万历七年（1579），兼管河道。

（2）北部边境地区

巡抚辽东赞理军务都御史。宣德十年（1435）十二月，右佥都御史李浚巡抚辽东，[45] 为定制。初驻辽阳，后移广宁、山海关、宁远。

巡抚宣府地方赞理军务都御史。始于正统元年（1436），有时兼理大同。成化十年（1474）命专抚宣府。

巡抚大同地方赞理军务都御史。成化十年后专设。

巡抚延绥等处都御史。景泰元年（1450）专设，加参赞军务。成化九年（1473）徙镇榆林。隆庆六年（1572）改赞理军务。

巡抚宁夏都御史。正统元年（1436）定设，时命右佥都御史郭智参赞宁夏军务。[46] 自天顺二年（1458）左副都御史陈翌起，始名巡抚，去参赞军务。[47] 隆庆六年（1572）加赞理军务。

巡抚甘肃等处都御史。初命侍郎镇守，正统元年（1436），甘、凉用兵，命侍郎参赞军务。景泰元年（1450）始定设巡抚都御史。隆庆六年（1572），改赞理军务。

（3）十三布政司

巡抚浙江等处地方兼提督军务都御史。初或置或罢。嘉靖二十六年（1547）东南海警，命副都御史朱纨巡抚浙江，兼管福建福宁州、福州府、兴化府、建宁府、漳州府、泉州府等海道地方，提督军务。[48] 翌年改巡视。二十八年（1549）朱纨罢职。三十一年（1552）复设定置。

巡抚福建兼提督军务都御史。嘉靖三十五年（1556）以闽、浙道远，专设提督军务兼巡视福、兴、泉、漳海道都御史。后改巡抚福建，统辖全省。

巡抚河南都御史。宣德、正统间侍郎于谦等巡抚。景泰元年（1450）始专设河南巡抚都御史，万历七年（1579）命兼管河道。八年（1580）加提督军务。

巡抚山西都御史。正统十三年（1448）始专设，且镇守雁门。

天顺、成化间暂革复置。隆庆三年（1569）命提督雁门等关。

巡抚山东都御史。正统十三年（1448）始定设。嘉靖四十三年（1564）加督理营田。万历七年（1579）加兼管河道。八年（1580）命提督军务。

巡抚陕西都御史。初命部院大臣镇守。景泰三年（1452）耿九畴以侍郎出镇改都御史巡抚，遂为定制。成化二年（1466）加提督军务。后改赞理，驻西安，防秋驻固原。

巡抚四川都御史。正统十四年（1449）定设。万历十一年（1583）加提督军务。

巡抚湖广都御史。景泰元年（1450）定设，兼赞理军务。万历八年（1580）改赞理为提督，十二年（1584）复为赞理。

巡抚江西都御史。初或名巡视、巡抚、镇守，或置或罢。正德五年（1510）南京右佥都御史王哲巡视江西。[49] 八月，改巡抚，[50] 此后定设。嘉靖四十年（1561）后，时加兼理军务。

巡抚广东都御史。嘉靖四十五年（1566）至隆庆六年（1572）专设，加赞理军务。

巡抚广西都御史。隆庆三年（1569）后专设。

巡抚云南都御史。成化十六年（1480）副都御史吴诚巡抚云南，[51] 遂定置。嘉靖间兼理或赞理军务。隆庆二年（1568）兼抚建昌、毕节等处。

巡抚贵州都御史。正德五年（1510）右副都御史邵宝巡抚贵州，[52] 遂定设。嘉靖四十五年（1566）命兼督湖北、川东军务。

（4）特置

抚治郧阳都御史。成化十二年（1476），“以郧、襄流民屡叛”，遣都御史安抚，因奏立郧阳行都司，设都御史提督抚治。万历二年（1574），以本镇所辖四省，抚治事权不专，加提督军务。九年（1581）裁革，命湖广巡抚兼理。十一年（1583）复设。

巡抚南赣汀韶都御史。弘治十年（1497）始置，驻赣州。正德十一年（1516）加提督军务，所辖地区时有变化。

巡抚天津赞理军务都御史。万历二十五年（1597）以倭陷朝鲜暂设，寻为定制。

巡抚登莱都御史。天启元年（1621）置。

巡抚偏沅、赞理军务都御史。万历二十七年（1599）讨播州杨应龙，命佥都御史江铎巡抚偏沅，偏沅巡抚都御史自此始设。[53] 崇祯初罢。十年（1637）十月复置。

明末增置很多巡抚都御史，除以上所述外，还有巡抚安庐赞理军务都御史一员，巡抚山海、永平赞理军务都御史一员，巡抚密云赞理军务都御史一员，巡抚淮、扬地方赞理军务都御史一员，巡抚承天赞理军务都御史一员，等等。

2. 总督都御史

（经略、总制、总理等附）

（1）督理军务、粮饷

总督蓟、辽、保定等处军务兼理粮饷都御史。嘉靖二十九年（1550）置，开府密云，辖顺天、保定、辽东三巡抚，镇巡以下，悉听节制。万历九年至十一年（1581—1583）兼巡抚顺天。天启元年（1621）置辽东经略，崇祯四年（1631）并入。

总督宣、大、山西等处军务兼理粮饷都御史。景泰二年（1451）始遣尚书总理宣大军务，后或罢或置。正德八年（1513）设总制一员，节制镇巡以下及管粮郎中。嘉靖二十九年（1550）定设，辖宣大、山西。

总督陕西三边军务都御史。始置于弘治十年（1497）左都御史王越总督陕西、甘肃、延绥、宁夏军务。嘉靖四年（1525）定设，或称提督，或称总制。十九年（1540）改为总督，开府固原，防秋驻花马池。

总督两广军务兼理粮饷都御史。景泰三年（1452），“苗寇起，以两广宜协济应援”，始设总督。成化元年（1465），命兼巡抚。正德十一年（1516）改为提督。嘉靖四十五年（1566）至隆庆四年（1570）广东专置巡抚。除此之外，皆兼巡抚广东。隆庆三年（1569）后不复兼抚广西。万历三年（1575）后仍改总督，加带管盐法。

总督四川、陕西、河南、湖广等处军务都御史。正德五年（1510）始置，后时置时罢，辖地也常有变化。

总督浙江、福建、江西兼制江西军务都御史。嘉靖三十三年（1554），以倭寇侵犯杭州设，四十一年（1562）罢。

明末特置总督都御史，主要有总督陕西、山西、河南、湖广、四川五省军务都御史，总督凤阳兼制湖广、河南军务都御史，总督保定地方军务都御史，总督河南、湖广军务兼抚河南都御史，总督九江地方兼制江西、湖广军务都御史，总理南直隶、河南、山东、湖广、四川军务都御史，等等。

（2）督理河、漕、粮储

总督漕运都御史。洪武间置京畿都漕运司，设漕运使。永乐时设漕运武臣。景泰二年（1451）因漕运不继，命都御史总督，与总兵、参将同理其事，兼巡抚淮、扬、庐、凤四府，徐、和、滁三州，治淮安。[54]后巡抚有时另置。嘉靖四十年（1561）命兼提督军务，万历七年（1579）加兼管河道。

总理河漕兼提督军务都御史。初遣部院大臣治河，成化后始称总督河道，正德四年（1509）定设都御史。隆庆四年（1570）加提督军务，万历五年（1577）改总理河漕兼提督军务，八年（1580）罢，由总督漕运都御史兼管。

总理粮储都御史。初命侍郎总督粮储，景泰四年（1453）定遣都御史。嘉靖三十三年（1554）加提督军务。

最后应予说明的是，总督、总理、提督都御史在特殊情况下，可由其他廷臣特别是兵、户二部长贰代任，巡抚都御史也有代任的情况，但其行使的职权不变。

注释：

[1] 王世贞：《弇山堂别集》卷五二，《都察院左右都御史表序》。

[2]《续文献通考》卷八九，《职官考》。

[3] 孙承泽：《春明梦余录》卷四八，《都察院》。

[4]《明史》卷四，《恭闵帝本纪》，中华书局本该卷校勘记言："据本书卷一一一《七卿年表》《明史本纪原本、补本异同录》，时暴昭为刑部尚书。"

[5]《明太宗实录》卷一〇〇，永乐八年正月癸巳条。

[6]《明太宗实录》卷二三六，永乐十九年四月癸丑条，所遣二十六人中大

臣十三人，各随给事中一员。

[7]《续文献通考》卷八九，《职官考》。

[8]《春明梦余录》卷四八《都察院》言："永乐十九年，敕尚书、侍郎、都御史、少卿等官十三员各同给事中一员巡行天下，是谓巡抚"。《历代职官表》卷五〇，《总督巡抚》更明确指出此"为有明设巡抚之始"。《天府广记》卷二三，《都察院》言胡概、叶春巡抚直隶及浙江，"此设巡抚之始"。《西园闻见录》卷九三，引何孟春语："国初各处未尝有巡抚官，宣德间始以侍郎、都御史为之。"

[9]《明仁宗实录》卷六下，洪熙元年正月己亥条。

[10] 孙承泽：《天府广记》卷二三，《都察院》。

[11][12]《明史》卷九，《宣宗本纪》。

[13]《明英宗实录》卷一，宣德十年正月辛丑条。

[14]《明史》卷一五九，《陈镒传》。

[15]《明英宗实录》卷六，宣德十年六月辛丑条。

[16]《大明会典》卷二〇九，《都察院一·督抚建置》。

[17]《明英宗实录》卷七，宣德十年七月壬午条。

[18]《明英宗实录》卷四二，正统三年五月丁酉条。

[19]《万历野获编》卷二二，《督抚·巡抚之始》。

[20]《明宣宗实录》卷八七，宣德七年二月庚戌条。

[21]《明史》卷一〇，《英宗前纪》。

[22]《明英宗实录》卷二三三，废帝郕戾王附录第五十一，景泰四年九月癸未条。

[23]《万历野获编》卷二二，《督抚·巡抚之始》称耿九畴改右副都御史，"此专用宪臣之始"。

[24]《明史》卷一四二,《暴昭传》。

[25]《明史》卷一四九,《夏原吉传》。

[26] 杨士奇:《故少师吏部尚书蹇公义墓志铭》,《国朝献征录》卷二四。

[27]《明史》卷一六〇《王彰传》,《国朝献征录》卷五四,《右都御史王公彰传》言奏黜贪刻者九百余人。

[28] 杨荣:《都察院右都御史熊公概神道碑铭》,《国朝献征录》卷五四。

[29]《明史》卷一五九,《陈镒传》。

[30]《明仁宗实录》卷六下,洪熙元年正月己亥条。

[31]《明宣宗实录》卷六三,宣德五年二月已丑条。

[32]《明英宗实录》卷六二,正统四年十二月戊寅条。

[33]《明宣宗实录》卷八九,宣德七年四月壬子条。

[34] 陆容:《菽园杂记》卷九。

[35]《明宣宗实录》卷七九,宣德六年五月己巳条。

[36]《明太宗实录》卷二三六,永乐十九年四月甲辰条。

[37]《明宣宗实录》卷九三,宣德七年七月苏州知府况钟奏疏。

[38]《明英宗实录》卷五,宣德十年五月癸酉条。

[39]《明英宗实录》卷一七九,正统十四年六月己巳条。

[40][42]《万历野获编》卷二二,《督抚·巡抚之始》。

[41] 同上书卷二二,《督抚·抚按重轻辽绝》。

[43] 下面非注明者皆为一员。

[44]《明史》卷七三,《职官二》。本部分所引材料,凡源于此及《大明会典》卷二〇九、《续文献通考》卷九〇者,不另注明。

[45]《明英宗实录》卷一二,宣德十年十二月丁未条。

[46]《明英宗实录》卷一四,正统元年二月庚子条。

[47]《明英宗实录》卷二九一，天顺二年五月壬寅条。

[48] 焦竑:《都察院右副都御史秋崖朱公纨圹志》,《国朝献征录》卷六二。

[49]《明武宗实录》卷六一，正德五年三月乙酉条。

[50]《明武宗实录》卷六六，正德五年八月壬子条。

[51]《明宪宗实录》卷二〇三，成化十六年五月癸卯条。

[52]《明武宗实录》卷六七，正德五年九月己卯条。

[53]《明史》卷二二八,《李化龙传》。

[54]《弇山堂别集》卷六一言：命左佥都御史王竑总漕。

第二节 都御史总督巡抚与明代地方政治

一、从地方三司体制看都御史总督巡抚制度出现的必然性

朱元璋立国之初，循元旧制，置行中书省综理地方军政事务。洪武九年（1376），为适应加强中央集权的需要，下令改行中书省为承宣布政使司，主管民政和财政。另由提刑按察司掌刑法、监察，都指挥使司掌军事。[1]三司各自独立，互不统属，直属中央。

对这种地方政治体制，丘浚认为，三司“参峙并立”，“治署既有一定之所，官联复有一定之制，德行兼举，文武并用，体制相维，关络相通，自罢侯置守之后，治外之制，未有如此之详且善者也”。[2]事实上，三司各守其职，责有所归，从制度本身讲，自有某些合理因素，但也并非如丘浚所说的那么尽善尽美。由于权力过于分散，遇有大事，牵涉到军、政、刑各方面时，三司因权责所限，难免互相推诿，因此需要一个协调三司的力量。于是中央委派大臣巡视，巡抚、镇守应运而生，进而促成了都御史总督巡抚制度的产生和形成。成化二年（1466）四月，巡抚山西右副都御史项忠在奏疏中指出：“国朝设布政司以统列郡之政，设都司以总诸卫之兵。虑二司之比周也，又设按察司以纠之；以三司之颉颃也，又遣御史以按之。近以四方多故，又遣都御史以巡抚之。皆因时制宜，经国安民之大略也。”[3]成化四年（1468），户部郎中夏寅上疏，认为“我朝罢黜中书而政归六部，权统于上而纲举目张，故朝廷自尊而纲纪以立。独在外司府之制与祖宗时不能无积习之弊。都、司武备既弛，布、

按二司势均力等，不相统摄，宜选都御史一员统制一方，则可以责成而无意外之虞。”[4]《明史·熊概等传赞》论及巡抚官设立的原因时指出：“盖以地大物众，法令滋章，三司谨奉教条，修其常职，而兴利除弊，均赋税，击贪浊，安善良，惟巡抚得以便宜从事。”[5]这里，皆从地方三司体制之得失利弊本身阐述了都御史总督巡抚制度确立的必要性。

二、总督巡抚都御史的职责

1.“抚安军民”，兴利除弊，督理地方军政大事

起初，明政府委派大臣巡视、巡抚、镇守地方，即寄以“抚安军民”，兴利除弊之任。宣德八年（1433），明宣宗敕饬各处巡抚侍郎、都御史等官：“兹命尔等巡抚郡县，务宣德意，抚民人，扶植良善。一切税法皆从尔设法区处，必使人不劳困，输不后期。卫所屯种，从尔比较，水田圩岸，亦从提督，使耕耘以时，水旱无患。应有便民之事，悉具奏闻。”[6]景泰元年（1450）十月，明代宗敕右副都御史王暹：“今特命尔巡抚河南并湖广襄阳府，提督都、司、卫、所，操练军马，整搠器械，修理城池；遇有贼寇，相机剿捕；并督司、府、州、县存恤流移人民；遇有饥窘，设法赈济。凡军民利病、官吏贤否，事有当兴革，悉听尔从宜区画，务在事妥民安。”[7]二年（1451）正月，敕右佥都御史邹来学：“虏寇未靖，守御之方莫要于谨关隘；军民疲困，安治之道莫先于勤抚绥。……兹命尔提督修守山海关至天寿山一带关隘，整理大小屯堡。仍兼提督顺天、永平二府地方一应卫所，操练军马，修理城池，禁防盗贼，革去奸弊。遇有虏寇，督同总兵镇守等官相机战守”。[8]这些敕谕，虽具体情况不

尽相同，但有一点很明确，即皆授以抚循地方、便宜兴革、督理军政大事的权力。

都御史总督巡抚制度确立之后，“抚安军民”遂成为总督巡抚都御史特别是巡抚官的最基本的职责。它包含的内容很广，兵、刑、钱粮、农桑、灾变以至考课官员等，凡关地方吏治民生的重大问题，皆在督责之列。这里暂述其对军政、民政大事的实际执行处理权。关于官员考察举劾、督责有司明刑慎狱，后面另行论列。

都御史巡抚地方，奉敕行事，我们首先通过敕令来分析。

景泰六年（1455）敕谕巡抚河南左副都御史马谨：“提督操练军马，整搠器械，禁防寇窃。遇有城池损坏，即加修理；盗贼生发，即调官军相机剿捕，毋令滋蔓。存恤流移人民，遇有饥窘，即设法招抚、安插赈济，毋令失所。一应军民利病，果有当兴革者，悉听尔便宜区画而行。务在事妥民安，盗贼平息。”[9]

成化二十二年（1486）敕令各处巡抚都御史：“比因各处地方饥荒，该部已有奏准救荒事宜。尔等宜罄竭心力，斟酌举行。军民缺食者即为赈济，仓廪空虚者从宜区画。劝课农桑，使田里不至荒芜；严督巡捕，使盗贼不至生发。凡一切有益于民者，俱从宜计处以闻。”[10]

正德十一年（1516）十月，敕谕左佥都御史王守仁：“尔前去巡抚江西南安、赣州，福建汀州、漳州，广东南雄、韶州、惠州、潮州各府及湖广郴州地方，抚安军民，修理城池，禁革奸弊。一应地方贼情、兵马、钱粮事宜，小则径自区画，大则奏请定夺。”[11]

至嘉靖十一年（1532），根据都御史王应鹏奏请，明政府对巡抚都御史的“抚安”职能做了明确规定：“巡抚都御史系抚安地方之官，如徭役之编审，里甲之出办，粮料之征派，官钱之出入，驿传之处给，仓廪之兴废与夫大户粮长民壮快手之佥点，城池堡隘兵马军饷之督调，凡关地方之事，俱听巡抚措置，下所司遵行之。”[12]“都、布、按三司将处置缘由备呈巡抚知会。”[13]此外规定，遇有大事，巡抚都御史要会同巡按御史举行，而奏报灾伤，赈济饥民，遇军功报奏等事，则专责之巡抚都御史。[14]

总督、提督军务等都御史，巡抚兼理边备都御史的“抚安”之责，偏重于军事方面。景泰四年（1453）四月，敕令都察院左副都御史马昂总督两广军务：“今特授尔总督关防，往广东、广西总督军务，所在总兵等官并听节制。所有一应军务升赏，悉从尔等便宜而行。务在齐心协力，设策运谋，湔除宿弊，振起军威，除盗安民，肃清岭海。凡遇地方有警，即相机抚捕。”[15]正德五年（1510）二月，敕巡抚四川等处兼理兵备都察院右副都御史林俊：“近来四川地方盗贼纵横，今特命尔巡抚兼理松潘、安绵、建昌等处边备，抚安兵民。如遇寇盗，量调官兵民快，相机剿捕。陕西、汉中、湖广、荆襄等处交界地方流贼出没，遇有警急，亦宜发兵应援，星驰前去，以纾朕西顾之忧。”[16]正德十二年（1517）九月，换敕改巡抚南、赣、汀、韶等地都察院左佥都御史王守仁提督军务：“特改命尔提督军务，抚安军民，修理城池，禁革奸弊。一应军马钱粮等事，俱听便宜区画以足军饷。但有盗贼生发，即便设法调兵剿杀，不许踵习旧弊，招抚蒙蔽，重为民患。”[17]

从上述可见，都御史“抚安军民”有如下两个特点：一是通过便宜兴革，推行安抚政策，缓和阶级矛盾，并对人民群众的反抗直接实行军事镇压。在边境地区，又寄有安边保民、维护边境秩序的责任。

二是巡抚都御史职责包括军政、民政两个方面，而总督、提督军务都御史的职责以军事为主。

2. 考察举劾官员

明政府初遣大臣巡行、巡抚、镇守，其主要宗旨之一，就是要通过对官吏的考察，达到整饬地方吏治的目的。[18]都御史总督巡抚之制确立后，考察举劾官员，即作为巡抚都御史一项基本的职责确定下来。总督都御史则只限于考察举劾专职所属官员。[19]

巡抚都御史考察官员的范围很广，司、府、州、县官皆在其考察之列。考察时，一般要会同巡按御史。同时，还要督责布、按二司官，守巡官，知府、知州、知县并司寺正官，各访所属，并开具贤否揭帖具呈。成化、弘治以后，又取得了对武职官员的考核权。[20]

总督、提督军务都御史、巡抚都御史皆为都宪，对不法官吏例得纠劾。他们举贤劾贪，拥有一定的对官员的处置权。在其所奉敕书中，通常都有明文规定。景泰四年（1453），给总督两广军务都察院右副都御史马昂的敕令即指出："军职官自都指挥而下，敢有退怯怀奸误事，听尔等以军法从事，或径奏闻区处。"[21]景泰六年（1455），敕令巡抚河南左副都御史马谨："官员之中果有廉能著称当旌异者，奏来处置。其有贪酷不才，不以公道行事，事迹尤显著者，除五品以上及军职具奏，文职六品以下，尔即鞫问如律，重则差人解京。"[22]正德十二年（1517），给提督军务左佥都御史王守仁敕旨中说："军卫有司官员中政务修举者量加奖劝，其有贪残畏缩误事者，文职五品以下，武职三品以下，径自拿问发落。"[23]

在对地方官员的考察方面，总督、巡抚都御史居于重要地位。早在都御史总督巡抚制度确立之前，吏科给事中包良佐曾上疏指出：

“吏治得失者，民生休戚之所系。今吏部虽有考课之典，而黜陟必待九年，是其法未严也；御史虽有访察之例，而巡历不过一年，是其责未专也。是以在外有司多未得人。”[24]总督、巡抚都御史受遣时间一般较长，不像巡按御史有特定的限制。他们对地方吏治状况、官员廉贪贤否比较熟悉，如果本着公正无私的原则，悉心访察，就能够收到考察得实、贤能在位、地方吏治澄清的效果。如天顺间右佥都御史李侃巡抚山西，整饬吏治，“考察属吏，奏罢布政使王允、李正芳以下百六十人”，于是风纪大振，“贪墨者屏迹”。[25]隆庆间，海瑞以右佥都御史巡抚应天十府，“属吏惮其威，墨者多自免去”。[26]总督、巡抚都御史在考察官员、整饬吏治方面的作用，由此可见一斑。

然而，在实际考察与举劾过程中，仍存在许多弊端。

其一，考察方式不当，敷衍塞责，不悉心体访。早在景泰三年（1452），太仆寺少卿黄仕俊上疏指出：“各处巡抚官考察州县官吏，多凭里老呈说可否以为去留。……近闻里老多因前官纵容，往来嘱托公事，结揽收物，营求催办，害众成家，积有岁年及代者。间有端己临民，持廉执法，革去此辈，辄贻怨恨，兹因考察，反将廉正官员捏无作有，指虚成实，一概具呈。其巡抚官所临州县风飞电过，不及覆实，因而黜罢。”他建议，“自后考察，不可一一专凭里老百姓呈告，务须从容设法采访，或在此而询诸彼，或稠人中而审一人，或独步暗行，或问道路之父老、田野之匹夫，或临有司而反复诘问。”[27]这里，黄氏所提出的考察方式，未必完全可行，但他却提出了考察过程中里老操纵及巡抚都御史习于苟且之弊。

其二，只举不劾或举多劾少，徇私市恩。如嘉靖间右佥都御史应大猷巡抚云南，“于所属藩臬有司有举无劾”，为吏科都给事中郑大同劾奏，罢职闲住。[28]

其三，任意轻重，自相矛盾。外官贤否，吏部黜陟，以巡抚都御史及巡按御史举劾为据。而抚按举劾，往往率意任情，“所论所拟，发端多已甚之辞，归来为两可之说”，[29] 遂使吏部无所适从。正如隆庆六年（1572）吏部奏陈的那样：“或论其操守之败坏，或论其性气之乖方，乃拟曰致仕。既非老疾，安得致仕乎？或论其赃私狼藉，或有证据；或论其榜掠杀人数多，各有姓名，乃拟曰降调。夫既贪又酷，安得降调而已乎？或论其行止之不端，或论其昏庸之特甚，乃拟曰改教。夫既不谨罢软，则安得改教而已乎？”观其原因，“或欲左迁其人，以为不甚言之，恐不能动也，遂从而重劾之；或欲姑息其人，以为既直述其事，恐不能留也，遂从而轻拟之”。如此依违，以逞其私。[30] 在此，应说明一点，巡抚都御史与巡按御史皆负考察举劾之责，且多会同举行。故这里所述之情形，可与下编第二章第二节有关巡按御史举劾考察之弊等内容相互参照。

3. 刑法方面

凡审录罪囚、雪理冤抑、处决重辟等关刑名之事，皆巡按御史专责，巡抚都御史“无审录矜疑之举”，但所至之处，要“督责有司明刑恤狱”。[31] 不仅如此，巡抚都御史身为都宪，巡按御史所问刑狱，苟有冤抑，则可伸理平反。如天顺三年（1459），“南直隶清理军伍御史郭观，持法颇刻。昆山县有一人诬首者，至连坐二十四人充军”。时都察院左副都御史崔恭巡抚此地，即受理此案，“二十四人皆复为民”。[32]

三、都御史总督巡抚地方的具体问题

1. 都御史的选派

（1）委派的原则及其变化

起初，巡抚都御史的委派，坚持“非有大事，不许轻遣”的原则。景泰六年（1455），刑部尚书俞士悦奏请遣都御史巡抚福建，下廷臣集议。吏部尚书王直等认为：“廷臣巡抚，本非定制。迩者朝廷以福建年谷稍登、民颇宁息，已征回京。今虽有小寇，宜督责三司禁捕。”明代宗同意王直等人的议论，并命令“非有大事，不许轻遣廷臣”。[33] 成化十八年（1482）二月，镇守山东太监韦焕奏日照县“诸处盗起，潜入大山，已成巢穴”，事下兵部议，请增设巡抚都御史。这个建议被明宪宗否决，命韦焕及巡按御史督同三司等官责限擒捕。[34] 但是，明中期以后，阶级矛盾、民族矛盾日趋激化，既有“南倭北虏”之患，又有持续不断的农民起义。明政府虽然在原则上仍然坚持“不轻遣”的立场，但在各边腹普遍设置总督、巡抚都御史，以求“事妥民安”，已成为时势使然。[35] 不仅如此，在绝大多数地区，逐渐发展到定设、常设，而且规定了严格的候代制度。

（2）选任的方式

明制，“凡尚书、侍郎、都御史、通政使、大理卿缺，皆令六部、都察院、通政司、大理寺等三品以上官廷推。”总督、巡抚都御史身为都宪，其选任亦采取会推方式。据《大明会典》载：“凡巡抚都御史缺，旧例，在内地者会户部，在边方者会兵部推举。”至嘉靖十四年（1535），“令照九卿例会推。”“凡总督陕西三边、宣大都御史缺，会五府、大九卿堂上官及科道廷推。蓟、辽、两广总督缺，亦会大九卿堂上官及科道廷推，不会五府”。万历五年（1577）题准：“三边、宣大总督亦照蓟辽例，不会五府。”[36]

（3）选任的资格和条件

总督、巡抚都御史的选任，或由廷臣、方面推升擢用，或由廷臣改任。作为都宪督理地方大政，端方正直、练达政务，是其所必备的资格和条件。在内地者强调资望，在边方者注重是否谙练军务、熟知边情。

据吴廷燮《明督抚年表》，由藩臬分司、巡按御史等官不次擢升巡抚都御史者为数不少。但有明一代，对巡抚都御史的资格，皆比较重视。嘉靖三十七年（1558），兵科都给事中王文炳上疏指出：“近年以来，巡抚员缺，每于参政、副使内不次擢用，法固善也。但人情多巧于进取，而臣节难保其有终。方其利迁转时，勉效驰驱，求钓声誉。及已在位，志盈器满，以贪渔宠赂肥润身家，未闻为边陲建久远之业者。”他建议“自今巡抚之选，尤宜循用资格，即未必得人，犹可以杜幸进之门”。疏入，明世宗命“今后边方巡选，择资望相应者推补。不得徒以虚名骤迁，致误地方”。[37]隆庆六年（1572）闰二月，吏科给事中栗在庭疏陈三事，其“重简抚臣”一项，认为“各处抚臣宜择两京三品正卿及各省按察使以上资深望重者授之，其年浅少卿、副使等官不宜轻授”。[38]他的建议得到了批准。

2. 任期问题

都御史总督、巡抚地方，抚安军民，督理军政大事，为国家安危之所系，吏治民生之所关，除慎重其选任外，任期问题也很重要。当时即存在两种截然相反的看法，而以坚持久任者占主导地位。

（1）反对久任

成化二年（1466），巡抚山西右副都御史项忠上疏，指出："都御史巡抚，乃至六七年或八九年。虽云熟一方事体，不免玩易弊生。若以三岁为期，荐历他所，则行事更新，人知警励。且又涉历九域山川之要，兼知五方风俗之宜，异日别有任使，亦不至执一不通矣。若缘寇盗警急未宜数易者，则在所不拘，俟事定民安而后更之可也。""事下所司定议"，兵部尚书王复会吏部尚书王翱等议："巡抚之任，以防边御虏，调兵讨贼，馈饷赈饥，抚安兵民，皆是重务。若三年一易，则一方利弊未能究知，凡百所为率皆苟且，不为经久之计。"于是，项忠关于巡抚三年一易的建议被否决。[39] 成化七年（1471）四月，巡抚甘肃右佥都御史徐廷章疏奏："臣巡抚甘肃且七年，人情稔熟，事多掣手。盖久于其任，仇怨者多。乞调别地，庶事体更新。"明宪宗认为"巡抚官但行事公正，何必论久近"，令其"尽心所事"，而不允其请。[40]

项忠、徐廷章这类观点，虽难免失之片面，但也确实指出了巡抚都御史久任一地，人情稔熟，行事易受牵制的实际情况。

（2）赞同久任

弘治四年（1491），兵科给事中杨瑛上疏，指陈巡抚都御史迁转太速之弊："巡抚大臣莅政未几而寻复改迁，风土始安而代者继至。是以人各立异，事多纷更，宜官无成绩而民无实惠也。"[41] 嘉靖时张孚敬曾指出都御史巡抚，其要有二，一是得人，一为久任。"广推以求得人"，重擢以保久任。"久任方能修葺得边疆完固，抚治得百姓安乐，以为国家久治长安之计。"[42] 这些看法皆有见地，尤其是张孚敬的观点颇切要害。久任虽有其利，但若不得人，反成其弊，

“节或移于晚，政或怠于终”。久任以得人为前提，既得人则使其久任。二者并重，不可偏废。

任期问题还与其他因素相联系，尤其受到官秩迁升的影响很大。弘治元年（1488）十一月，兵部郎中陆容上疏，指陈巡抚都御史不能久任的原因：“今巡抚者席未及暖，即思入朝。在朝大臣亦惟知援引乡里故旧以为得策。至于朝廷一面之付托，生民一方之休戚，皆漫不知顾。”[43]嘉靖三十七年（1558）正月，工科给事中张学颜请久任巡抚。吏部覆言：“久任责成者，所以重付托之权；循资叙选者，所以广疏通之法。今部堂有缺，必取之卿贰，卿贰有缺，必取之督抚。若督抚岁久不迁，而资望浅者乃得躐进，启侥幸速化之心，失出入均劳之意，非定论也。第宜稍加督责，令毋贻患地方尔。”[44]

3. 候代问题

都御史总督、巡抚，职责重大。明中期以后，逐渐形成了严格的候代制度。据《大明会典》，嘉靖三年（1524），“令各巡抚都御史遇有迁秩，或以忧去者，必候代离任。代者亦宜亟往。如违，言官劾奏”。隆庆二年（1568）题准：“以别官升迁巡抚或在原籍起用者，限文到五日，以巡抚升总督，限交代次日，即各起程赴任。”万历三年（1575）题准：“文到之日限半月以里起程赴任。”[45]

候代制反映了明政府对都御史总督、巡抚地方的重视。这里要说明的是，《大明会典》在时间上不够准确。嘉靖中期以前，腹里巡抚迁调不必候代，边地候代。彭黯事例以后，腹里巡抚候代成为制度。

当时东南地区倭患严重，苏松一带尤甚，应天巡抚彭黯“迁南京工部尚书，畏贼，不俟代去，下狱除名”。[46]彭黯规避的借口是

“内地抚臣例不候代”。时监察御史徐栻因言：“近日寇盗纷纷，所在旁午，即腹里与边方不异。……今宜令各处总督巡抚不拘边腹远近，凡遇升迁丁忧宜去任者，俱一体候代，不得擅离”。这一建议得到采纳。[47]

四、都御史总督巡抚之制的实质、作用和影响

1. 实质

明置都、布、按三司分理行政、军政、司法和监察，又委派廷臣出使地方，督理其事。御史巡按，“振举纲纪，察举奸弊，摘发幽隐，绳纠贪残”，[48]其实是收地方监察、司法大权于中央；总兵等“行伍官”镇守、分守，“使得都司的地位陡然下降”，大大地剥夺了都司的军政权。[49]而都御史总督、巡抚，更是明王朝专制主义中央集权政治在地方治理上的突出体现。总督、巡抚都御史作为宪臣，通过考察举劾官员行使监察权，把地方官置于监督、控制之下；通过对军政大事的督理，把地方兵、刑、钱谷、农桑等实际事务的执行处理权收归中央。隆庆二年（1568），明政府议遣巡边大臣，兵科给事中张卤上疏反对，他指出：“迩者诸臣会议，欲遣巡边大臣。臣以为人情在己，可以成勇往之功，钤辖多门，实以资推诿之便。今既以各兵备为不足凭，而摄以巡抚；以巡抚为不足凭，而摄以总督；今又以总督为不足凭，而再起巡边大臣之议。”[50]在此，张卤从一个侧面，道破了明政府委派总督、巡抚都御史控制地方的集权思想。因此，收地方之权于中央，就是都御史总督、巡抚地方的实质。

应当强调，在地方统治与治理上，集权中央是一条主线和基本的指导思想。如前所述，明政府设立三司，分掌政、刑、兵、宪，

互不统属，彼此颉颃，其宗旨是集权。三司修其常职，权力过于分散，由此导致都御史总督巡抚之制产生。都御史总督、巡抚地方，督理军政大事，其宗旨同样是集权。二者形式不同，其实质却是相同的。

2. 作用和影响

都御史总督、巡抚，对明代地方政治发生的影响是多方面的。兹择其要，述之于后。

从积极方面看，主要有两点。其一，击贪残，安良善，兴利除弊，便宜兴革。都御史总督巡抚，对安定社会、澄清吏治发生了一定作用。有明一代，确实有不少督抚都御史，致力于地方吏治民生，体恤民众疾苦，做了许多值得肯定的事情。如正统、景泰间，都御史陈镒三镇陕西，“先后十余年”，修荒政，蠲租税，“陕人戴之若父母。每还期，必遮道拥车泣。再至，则欢迎数百里不绝”。[51] 景泰、天顺间，右佥都御史彭谊提督紫荆、倒马诸关，“劾都指挥胡玺纳贿纵军罪”。“岁饥，发廪振贷。”成化间，彭谊升右副都御史巡抚辽东，“镇守中官横征诸属卫”，他“下令凡文牒不经巡抚审定者，所司毋辄行”，内臣之“虐焰为息”。[52] 隆庆年间，右佥都御史海瑞巡抚应天，兴修水利，摧抑豪强，扶济贫弱，禁革积弊，使得“风物顿易”。[53] 其二，总督、巡抚都御史御虏防倭，整饬兵备，在一定程度上起了安边御侮的作用。但这个作用是有限的，它受到来自各方面的制约和影响。如嘉靖间曾铣总督陕西三边军务，“念寇居河套，久为中国患”，[54] 主张收复河套，得到了明世宗的欣赏和夏言的大力支持，但被严嵩为排挤和谋害首辅夏言所利用，曾铣被冠上“罔上贪功、擅开边衅”之罪惨遭杀害。[55] 嘉靖二十六年（1547），朱纨受命巡抚浙江，有彻底根除倭患的宏大气魄。然而，由于触犯了闽浙士大夫的切身利益，屡受掣肘。福建籍监察御史周亮上奏，欲使其“城池、仓库、钱谷、甲兵、刑名狱讼及官吏臧否、利病兴革皆不得与”，又奏将巡抚改为巡视以削弱他的权力。[56]嘉靖二十八年（1549）三月，倭寇到诏安劫掠，朱纨“击擒其渠李光头等九十六人，复以便宜戮之。具状闻，语复侵诸势家”，遂遭“擅杀”的论劾，命落职案问。[57]朱纨知事已不可为，壮志难酬，饮恨自杀身亡。在明末辽东战争中，这类现象表现得更为明显和复杂。虽有一些总督、巡抚都御史为抵御满洲贵族的侵犯，殚精竭虑，悉心谋划，却受到皇帝的牵制，受到内臣和邪恶势力的百般阻挠和破坏，加上长期以来形成的“积轻积弱”现状，最终未能挽救明王朝覆亡的命运。

再看消极方面。

第一，都御史总督、巡抚制的推行，三司所行多被掣肘，政出多门，并导致了重内轻外局面的出现。

早在都御史总督、巡抚之制确立之前，太仆寺少卿黄仕俊即上疏指出：“巡抚之官，皆朝廷重臣，故三司所行多被掣肘。”他要求明政府“敕各处巡抚大臣惟总大纲，毋亲细事，惟从舆论，无执私见。其事妥民安之处可无巡抚之官”。如此，“庶政无多门，事有归一”。[58]《明史·周新等传赞》也说：“天顺而后，巡抚之寄专，而监司守牧不得自展布，重内轻外之势成矣”，并认为有司官“承宣德化，为天子分忧”，“赋政于外，于民最亲”。[59]这无疑是对明代督抚制度的质疑。

甚至，当时就有反对这种制度的。景泰四年（1453），监察御史左鼎上疏，其中指出："若夫巡抚镇守之官，则亦有可言者。今方岳各司十余人，不为少矣；每岁又差御史巡视，立法可谓详矣。不择方岳以责成，不选御史以督察，乃复设官以巡抚而镇守之。"认为镇巡官非洪武旧制，可"参酌裁罢，庶民力可纾，国用可省，委任专而事功可立"。[60]

上述这些，都不同程度地指出了都御史总督巡抚对地方有司职权的侵夺及由此带来的弊端。但是，殊不知明政府委派都御史督理地方事务的实质，就是收地方之权于中央，问题的症结就在这里。随着总督、巡抚都御史权限的日益扩大，这种侵夺也日趋严重。

第二，都御史总督、巡抚，加强了对人民的军事镇压力量，带有血腥性和残忍性。

明中期以来，随着封建剥削的深重和土地兼并日趋剧烈，农民大批流亡，各地的反抗斗争时有发生。总督、巡抚都御史的大规模派出，就是在这种背景下出现的。他们所奉敕书中，基本上都有"禁防盗贼""相机捕杀"之语。实行对人民的军事镇压，成了他们的主要使命。综观整个明代，确实有相当多的总督、巡抚都御史血腥屠杀人民群众，为反动的明王朝统治者效尽了犬马之劳。成化初年，赞理军务左佥都御史韩雍，对广西大藤峡起义的瑶族、壮族人民，实行了血腥镇压，斩断峡藤，把大藤峡改名"断藤峡"。[61]抚治荆襄右都御史项忠，镇压荆襄起义军和流亡人民，"兵入，尽草剃之，死者枕藉山谷"。经过灭绝人性的大屠杀后，在流民的累累白骨上，树"平荆襄碑"，人们称之为"堕泪碑"。[62]如此种种，不胜枚举。总督、巡抚都御史，凭借他们手中的屠刀，为明王朝维护着地方统治秩序。但历史是无情的，他们的屠杀，并没能最终阻止人民的反抗斗争，波澜壮阔的明末农民大起义，终于给予他们一个有力的回击！

综上所述，委派都御史总督、巡抚，是明王朝统治和治理地方的一项尝试。三司修常职，督抚主“抚循”，巡按掌纠察，构成了明代地方政治的突出特点。都御史总督巡抚之制所体现的集权原则，在镇压人民起义、维护封建统治秩序以及安边御侮等方面所发挥的作用，都对清代督抚制度产生了很大影响。

注释：

[1] 按察司始置于吴元年，洪武十三年罢，十四年复置（《明史》卷七五，《职官四》）。洪武八年，改都卫指挥使司为都指挥使司（《明史》卷七六，《职官五》）。

[2]《西园闻见录》卷九七，《藩臬》引丘浚语。

[3]《明宪宗实录》卷二九，成化二年四月辛亥条。

[4]《明宪宗实录》卷六一，成化四年十二月丙午条。

[5]《明史》卷一五九，《熊概等传赞》。

[6]《天府广记》卷二三，《都察院》。

[7]《明英宗实录》卷一九七，废帝郕戾王附录第十五，景泰元年十月乙亥条。

[8]《明英宗实录》卷二〇〇，废帝郕戾王附录第十八，景泰二年正月丙午条。

[9]《明英宗实录》卷二五四，废帝郕戾王附录第七十二，景泰六年六月丙

子条。

[10]《明宪宗实录》卷二七五，成化二十二年二月癸未条。

[11]《王文成公全书》卷九，四部丛刊本。

[12][14]《明世宗实录》卷一四五，嘉靖十一年十二月甲戌条。

[13]《大明会典》卷二一一，《都察院三·抚按通例》。

[15]《明英宗实录》卷二二八，废帝郕戾王附录第四十六，景泰四年四月庚子条。

[16] 林俊：《见素集奏议》卷三，《预处地方容令致仕疏》。

[17]《王文成公全书》卷一〇，《换敕谢恩疏》。

[18] 参见本章第一节，亦参见《廿二史劄记》卷三三，《遣大臣考核官员》。

[19] 总督都御史考察举劾专职所属，须候巡抚都御史、巡按御史“奏论佥同始与议复”。至嘉靖二十六年，令总督都御史奏到所劾官员，“吏部查访相同，宜即与查覆，不必候抚按奏到”（《明世宗实录》卷三三〇，嘉靖二十六年十一月己巳条）。

[20] 参见下编第二章第一节关于巡按御史职责的论述。

[21]《明英宗实录》卷二二八，废帝郕戾王附录第四十六，景泰四年四月庚子条。

[22]《明英宗实录》卷二五四，废帝郕戾王附录第七十二，景泰六年六月丙子条。

[23]《王文成公全书》卷一六，《钦奉敕谕提督军务新命通行各属》。

[24]《明英宗实录》卷一七八，正统十四年五月辛丑条。

[25]《明史》卷一五九，《李侃传》。

[26]《明史》卷二二六，《海瑞传》。

[27]《明英宗实录》卷二二二，废帝郕戾王附录第四十，景泰三年十月庚戌条。

[28]《明世宗实录》卷三二八，嘉靖二十六年闰九月乙丑条。

[29]《明神宗实录》卷三八四，万历三十一年五月壬午条（载吏部尚书李戴言）。

[30]《明穆宗实录》卷六五，隆庆六年正月丁卯条。

[31]《明世宗实录》卷一四五，嘉靖十一年十二月甲戌条。

[32]《菽园杂记》卷二。

[33]《明英宗实录》卷二五五，废帝郕戾王附录第七十三，景泰六年闰六月丁卯条。

[34]《明宪宗实录》卷二二四，成化十八年二月壬寅条。

[35] 巡抚都御史之设，其宗旨是遇有大事，协调有司行动。总督都御史的设置，则是为了协调各边腹镇守总兵、巡抚都御史的行动。《春明梦余录》卷四十八《都察院》言："正统而后，或变生于腹里，或衅起于边陲"，而各省抚臣爵并权均，"皆相视而莫之能相救，必设总督而后能平之"。

[36]《大明会典》卷五，吏部四，《推升》。

[37]《明世宗实录》卷四六四，嘉靖三十七年九月戊寅条。

[38]《明穆宗实录》卷六七，隆庆六年闰二月丁卯条。

[39]《明宪宗实录》卷二九，成化二年夏四月辛亥条。

[40]《明宪宗实录》卷九〇，成化七年四月庚戌条。

[41]《明孝宗实录》卷四九，弘治四年三月癸未条。

[42] 张孚敬：《论馆选巡抚兵备守令》，《明经世文编》卷一七七。

[43]《明孝宗实录》卷二〇，弘治元年十一月壬申条。

[44]《天府广记》卷二三,《都察院》。

[45]《大明会典》卷二〇九，都察院一,《督抚建置》。

[46]《明史》卷二〇五,《彭黯传》。

[47]《明世宗实录》卷四〇八，嘉靖三十三年三月辛酉条。

[48] 张居正:《答苏松巡按曾公士楚言抚按职掌不同》,《明经世文编》卷三二八。

[49] 许大龄:《明朝的官制》(二),《文史知识》1987 年第 6 期。

[50]《明穆宗实录》卷二〇，隆庆二年五月戊寅条。

[51]《明史》卷一五九,《陈镒传》。

[52]《明史》卷一五九,《彭谊传》。

[53] 梁云龙:《海忠介公行状》,《海瑞集》附录，中华书局 1962 年版。

[54]《明史》卷二〇四,《曾铣传》。

[55]《明世宗实录》卷三三二，嘉靖二十七年正月丙午条。

[56]《明世宗实录》卷三四七，嘉靖二十八年四月辛亥条。

[57]《明史》卷二〇五,《朱纨传》。

[58]《明英宗实录》卷二二二，废帝郕戾王附录第四十，景泰三年十月庚戌条。

[59]《明史》卷一六一,《周新等传赞》。

[60]《明英宗实录》卷二二七，废帝郕戾王附录第四十五，景泰四年三月戊午条。

[61]《明史》卷一七八,《韩雍传》。

[62]《明史纪事本末》卷三八,《平郧阳盗》。

第三节 都御史总督巡抚与明代镇戍制度

上节谈到总督巡抚都御史对人民实行镇压及安边御侮等方面的军事职能。这一节，从镇戍制度的角度出发，进一步讨论他们在明代军事生活中的地位和作用。

明初，“兵事专任武臣”，[1] 在边地腹里要害地方，设官统兵镇守。永乐后，又遣内臣出镇监督。宣德、正统年间，特别是景泰以后，随着都御史总督巡抚制度的确立，明政府陆续委派都御史镇守、总督、巡抚各地，创立了督抚—内臣—总兵三者相互制约的以文驭武、以内制外的军事体制。自此总督巡抚都御史开始在明代军事生活中发挥着越来越重要的作用。

一、明初镇戍制度及其弊病

明代初年，随着统一战争的进行，朱元璋先后派公、侯、伯、都督、指挥等武官镇守各地。如洪武四年（1371），命骠骑将军河南都指挥使郭英镇守河南，九年（1376），移镇北平。[2] 洪武三年（1370），命佥大都督府事仇成镇辽东。[3] 洪武十二年（1379），遣永嘉侯朱亮祖出镇广东。[4] 起初，这种派遣是临时性的。后来随着往各边腹普遍派遣，武臣镇戍地方便被作为一种制度固定下来。《大明会典》言：“凡天下要害地方，皆设官统兵镇戍。”[5] 总镇一方叫镇守，守一路为分守，守一城一堡为守备，与主将同守一城称协守。以后，又出现提督、提调、巡视、备御、领班、备倭等名目，因事设置，职守各异。总镇一方的，或挂印，或不挂印，皆称总兵。[6]

其下有副总兵、参将、游击将军等。

明王朝遣武臣出镇，寄以保境治民重任。总兵镇守，奉制敕，有便宜行事权。西宁侯宋晟四镇凉州，前后二十余年，明成祖“专任以边事，所奏请辄报可”。[7]靖难之役后，山东遭受极为严重的战争创伤，亟待恢复，明成祖命盛庸往镇，赐敕告谕：“朕念山东久困兵革，惫于转输。卿宜辑兵养民，以称朕意。”[8]客观地说，当时武臣镇守，对巩固国家统一，维护封建统治秩序，起到了一定的积极作用。靖宁侯叶升镇辽东，精心谋划，修治城池，“在镇六年，边备修举，外寇不敢犯”。[9]耿炳文镇陕西，注重民生疾苦，“浚泾阳洪渠十万余丈，民赖其利”。[10]郭英镇守河南，“时河洛新罹兵燹，邑井萧条，居民艰食，盗贼充斥”，郭英“宣布威德，绥辑流亡，申宽条，明赏罚，远迩来归者日以千计。未期年户口倍增，境内大治”。后移镇北平，“河南士女不忍其去，遮公马数十里不得行，甚至泣下。既去，为立生祠”。在北平，针对“北平初定，群胡反侧不宁”的情况，“开示诚款，谕以理乱祸福，人心遂安”。元左丞何允中等闻德“来降者凡九千余人”。[11]在当时的历史条件下，一切草创，兵革未息，易责成功，诚如陆容所言：“国初委任权力，重在武臣，事无不济。”[12]

然而，这种单由武官镇戍的制度，本来就存在着严重的弊端和缺陷。军政大事，“综理纲维，其事武士未之能专”。[13]遇有战事，武官冲锋陷阵，也需文臣运筹谋划、措置兵饷。平昔守卫，修固城池，缮完兵器，文臣的优势更为突出，古来如此。如果说，明王朝初建立的时候，重武轻文是时势使然，但随着统治秩序的稳固，就不能忽视文臣的作用，必须给予他们在军事上应有的地位。而明初创立镇戍制度，却置这一原则于不顾，各地镇守大臣皆由武官充任。不仅如此，各都司卫所的都指挥使、都指挥同知、都指挥佥事，甚至指挥使、同知、佥事及千户等官皆用武臣，遂形成了武官垄断的畸形局面。针对这种情况，陆容指出：国家“承平日久，无用武事，则其事自有不可行者矣。今天下兵政不立，兵威不振，正坐此也”。[14]

武官对军事的垄断，直接导致了内臣监镇制度的产生。总兵出镇，掌一方兵马大权，“得专生杀之柄”。[15]对此，明朝专制皇帝自然不能放心，最便捷而又可靠的办法，是以内监外，委派亲信的内臣去监视。洪武时期，朱元璋严御内官，并颁布“内臣不得干预政事”之禁令。然而即使如此，他还是于洪武十一年（1378），“遣内臣吴诚诣总兵官指挥杨仲名行营观方略”。[16]明政府正式派遣内臣监镇，始于永乐八年（1410）。太宗朱棣命内官马靖往甘肃巡视，“如镇守西宁侯宋琥处事有未到处，密与之商议，务要停当，尔却来回话”。[17]后来“诸边率用宦官协镇”。[18]洪熙时，镇守太监正式出现。当时，王安即为甘肃镇守太监，[19]云仙为云南镇守太监。[20]宣德元年（1426）七月，明宣宗“以汉王反，遣指挥谭顺、内官黄让、内使陈锦助平江伯陈瑄镇守淮安”。[21]于是，宦官又被派往内地镇守，从此，镇守内臣逐渐遍及各边腹。内官出镇，不仅作为皇帝的心腹监视总兵官，而且有实际的军政参预权。洪熙元年（1425）七月，遣中官云仙往云南镇守，宣宗谕之曰：“朕初即位，虑远方军民或有未安。尔内臣，朝夕侍左右者，当付重托，务令军民安生乐业。凡所行事，必与总兵官黔国公及三司计议施行，仍具奏闻，遇有警备则相机调遣。”[22]由此可见，内臣出镇，结束了武官独揽军政大权的局面，确立了以内制外，总兵—内臣共同镇守的守御体系。

但这种镇戍制度存在的问题，比武官垄断的弊端更大。一方面，内臣惯于弄权树威，“恣睢专军务”，[23]明代统治者对此也看得很清楚，上述明宣宗谕示云仙时即指出，“尔辈出外，鲜有不恃宠骄傲者”。且警诫他“毋擅权自用及肆贪虐”。[24]另一方面，内官本来就是一个腐朽的力量，由于他们贪横恣毒，不仅对武官的贪淫妄行起不到限制作用，反而更助长了武官的专横枉法。他们荒废军政，骚扰地方，剥夺军士，从而迅速导致了明王朝军政废弛。

明王朝军政废弛，在己巳之变中得到充分暴露。景泰四年（1453），御史左鼎上疏指出：“瓦剌变作，将士无用，由军政不立。”[25]弘治十一年（1498）八月，兵部奏陈宣大边务时指出：“宣德以后，将官渐肆贪侈，剥削军士，武备日见废弛，所以正统十四年（1449）也先犯顺，大同几于不守；成化十九年（1483）小王子复仇大同，官军大遭摧衄。故景泰初年每镇增巡抚都御史一员，假以重权，无非欲其振扬威武，御虏安边也。”[26]当时不仅宣府、大同如此，各边腹亦然。明王朝大规模地派遣都御史总督巡抚，就是在这样的背景下进行的。

二、都御史总督巡抚与镇戍制度的变化

从本章第一节“总督巡抚都御史设置概况”可见，都御史总督巡抚，或赞理、提督、参赞、兼理军务，在通常情况下，皆有督理军务之责。[27]他们参预军务，对明代军事生活带来了多方面的影响。

都御史总督巡抚，打破了武官—内臣共同镇守、以内驭外的守御体系，明代镇戍制度发生了重大变化。

1. 景泰至正德：总督巡抚都御史—内臣—总兵官三堂共同镇守，以文驭武，以内驭外

正统、景泰以后，随着明政府广泛派遣都御史镇守、总督、巡抚地方，参预或主持军务，都御史—内臣—总兵结构的镇戍制度遂之确立。陆容说，“本朝自己巳之变，各边防守之寄，益周于前。如各方面有险要者，俱设镇守太监、总兵官、巡抚都御史各一员，下人名为三堂”。[28] 这里所讲的是边地，腹里也基本相同。

这个守御体系，包含三个分系统：一是武官系统，以总兵官为首，下有协守副总兵、分守参将、游击将军、坐营官及守备等官。二是中官系统，镇守太监之下，“又有分守、守备、监枪诸内臣”。[29] 如北直隶地区，“蓟州、永平、山海等处，密云、古北等处，居庸关等处，各有镇守内官；鲇鱼口等营，黄崖口等营，台头营、山海等处，永平太平寨、青山营、峨眉山营、遵化滦阳等关，刘家口等处，……凡二十四处，各有守备内官”。[30] 三是文臣系统，以总督、巡抚都御史为首，下有兵备副使或佥事，多以按察司官充任。“沿海者，称海防道；兼分巡者，称分巡道；兼管粮者，称兵备道。”[31]

对这种守御体制，明宪宗指出：“人各有长，朝廷所以参用文武内外之臣以任边寄，正欲其彼此相资，可否相济，以共成王事耳。”[32] 成化七年（1471）四月，因延绥边备废弛，下镇守太监秦刚、巡抚都御史王锐于狱，总兵官都督房能却以疾获免，科道纷纷上疏论劾。兵科给事中章镒等劾奏：“国家之制，边方以文臣巡抚，以武臣总兵，而内臣纲维之。事体相须，职位相等，胜则同其功，败则同其罪。”十三道监察御史杨守随等人指出：“房能专持兵柄，非特如内臣之总理、文臣之监督也。”[33] 弘治六年（1493）五月，

巡按陕西监察御史李鸾奏陈陕西边务时谈到，主帅、协守等“典兵之官”，“大小相维，又有内臣以监督之，都御史以赞治之，体统节目可谓备矣”。又说：“至如都御史之设，诸军归其节制，庶事听其便宜，正当搏击贪残，肃清弊政。”[34] 从这些材料可知，三堂共负守御之责，但职守各有偏重，武臣主持兵柄，内臣“纲维”“总理”，都御史“监督”“赞治”。所以，这种守御体系的实质是：以文驭武，以内制外。

都御史—内臣—总兵官三堂共镇体制，存在着很大弊端，并且主要是由内官镇守带来的。陆容说：“内官之设，既非令典”，“况此辈原无禄食，太平之时，日费颇丰，不免取诸所部，孰敢谁何？万一事起不测，折冲御侮，必赖将臣，彼亦无能为也。或犯吏议，朝廷又多原之。军力之疲敝，军政之不修，有由然也。”[35] 正德元年（1506），孙盘上疏指出：“今日弊政，莫甚于内臣典兵。夫臣以内称，外事皆不当预，矧可使握兵柄哉。……今九边镇守、监枪诸内臣，恃势专恣，侵克百端。有警则拥精卒自卫，克敌则纵部下攘功。武弁籍以夤缘，宪司莫敢诘问。所携家人头目，率恶少无赖，吞噬争攫，势同狼虎，致三军丧气，百职灰心。”[36] 嘉靖初年，张翀指出：中官出镇，“时平则坐享尊荣，肆毒百姓；遇变则心怀顾望，不恤封疆”。[37] 如此，皆揭示了镇守内臣恃宠专横、骚扰地方，是造成军政不立、军备废弛的主要原因。此外，从军事监察的角度来讲，都御史出镇，本身就负有监督使命。他们参预军务，或有误失，亦有巡按御史等监察官员对之实行监督，内官出镇显然是累赘。但明政府坚持极端专制主义的集权观念，命内臣监视文武将帅，“内臣是朝廷家人，但有急事，令其来奏”。[38] 以内制外，这才是“三堂”

共镇弊端的最终根源。

2. 嘉靖至天启：督抚都御史—总兵官二位一体，以文驭武、互相牵制

明至嘉靖，镇戍制度又发生了变化。由于镇守内臣的裁革，[39]督抚都御史—总兵官二位一体的守御体系取代了都御史—内臣—总兵官鼎足而立、三堂共镇的体制。

镇守中官的裁撤，使明代镇戍体系的三个分系统中一个腐朽势力被取消，解除了镇戍制度的一大弊端。《大明会典》卷一二六言："于是边政肃，军民称便。"按理讲，督抚都御史、总兵官文武并用，各守其职，各展其才，制度堪称健全和完善。但在事实上，新的体制却存在着两个很严重的问题。

第一，职掌不明。诸司之间颉颃行事，是贯彻明王朝全部制度的一项基本原则，对都御史与总兵官之职掌的规定当然不会例外。其中一个重要的指导思想，就是使他们彼此牵制、互相制约。隆庆五年（1571）九月，都察院题复巡抚大同都御史刘应箕请申明巡抚与将官的职掌疏中指出："朝廷设官分职，责任虽各不同，而事体亦有相关者。故各边镇既设总兵参游等官，而又设督抚宪臣以赞理之，义取相制。"兵部尚书杨博等人再议此事时也指出："职任不分，则尸祝无代庖之理；职任太分，又恐非同舟共济之义。"[40]由此，明政府规定，督抚与总兵官行事之间尤其是遇到重大事情须"会同计议"，败同罚，胜同赏。其结果，直接导致了职掌不明和赏罚不当。嘉靖二十七年（1548）八月，兵部复都给事中胡世廉的奏疏，就提出了这一问题："总兵职专阃外，临阵之际，乃与巡抚同其赏罚，官守未明，以故往往有互相规避者。"[41]上述都察院复刘应箕的奏疏

中也说："边方失事，将官抚臣一体论罚"，"以故无事则总督抚臣晏然为轻裘缓带之嘻，有事则总督抚臣相率为掩饰弥缝之计。模棱之势，不得不至此"。并要求明政府采纳刘应箕申明职掌的建议："请如应箕言，其缮理城堡，修整器械，储待粮糗，收敛人畜，开垦屯田，稽查奸弊，专责抚臣；其临敌胜败，抚臣亦不得与将官同受赏罚。"[42]但未被采纳。

第二，都御史恃权骄横，将官因循废职。寓于督抚都御史—总兵官体制的另一个指导思想，是以文驭武。前述兵部尚书杨博等人即指出："总兵以镇守为名，是古专阃之任；巡抚以赞理为义，亦昔监军之职"。[43]特别是随着总督设置的增多，以文驭武的思想便表现得更为突出。万历四十七年（1619）六月，兵部尚书黄嘉善题请申明节制体统时说："国家沿边地方设立总镇而辖于总督，以文驭武，良有深意。故自建置督镇以来，其相临体统，毫难假借。即总兵有宫保之衔，在督臣无平交之体。"[44]况且，督抚作为宪臣，本身就享有对总兵官等武官的监察纠劾举荐之权，甚至可以说掌握着他们的命运。这样，便导致了督抚都御史恃权骄横、将官因循废职现象的产生。[45]对这个问题，隆庆元年（1567）十一月，大学士徐阶等人曾郑重地向明穆宗陈述："近来文臣或凌辱将官，侵夺所职，而将官又或自知职业不修，甘自屈以求容庇，此将权所以日轻，体貌所以日卑也。"[46]万历十八年（1590）七月，明神宗召见内阁首辅申时行时也指出："近时督抚等官，平日把将官凌虐牵制，不得展布，有事却才用。他且如各边，但有功劳，督抚有升有赏，认为己功，及失事便推与将官，虚文搪塞。"[47]

3. 天启末及崇祯时期：内臣—总督巡抚都御史、总兵官，以内驭外

明末，长期废置的镇守太监，又出现在军事舞台上。《明史·熹宗本纪》言，天启六年（1626）三月，“设各边镇监军内臣。太监刘应坤镇守山海关”。[48] 时隔不久，到七年（1627）十一月，崇祯帝命“撤各边镇守内臣”。[49] 在这短短的时间里，暂时又出现了都御史—内臣—总兵官共同镇守的现象。

崇祯四年（1631）之后，又大规模地派内臣典兵，干预军政。如在这年九月，命内臣“王坤往宣府、刘文忠往大同、刘允中往山西各监视兵饷”。“十月，命太监监军，王应朝往关、宁，张国元往蓟镇、东协，王之心中协，邓希诏西协”；十一月，又遣“吴直监视登岛兵饷”。[50] 自此以迄明亡，内官派遣成为制度，其权势日趋膨胀。这样，明代镇戍制度又一次发生了质的变化，形成了内臣—督抚都御使、总兵官结构的以内驭外的局面。

这种体制是在明末特殊的历史环境下所形成的一种畸形体制。当时，明王朝已踏入衰亡的门坎，军政废弛到了极点。督抚、总兵官等文武将帅，玩忽职守，自为身谋。临战则踌躇无措、一筹莫展。再加上无休止的势同水火的门户纠纷，更是加快了败亡命运的降临。在这样的情势下，刚愎自用、独断专行的明思宗，虽然对内官的危害也有很深刻的认识，但他还是把挽救明王朝覆灭的希望，寄托在内臣这一极端腐朽的力量之上。张岱《石匮书后集》言：“初，上既罢诸内臣，事委督抚。然上英察，辄以法随其后，外臣多不称任使者”，遂复用内臣。[51]《明史·宦官传》亦言：“帝初即位，鉴魏忠贤祸败，尽撤诸方镇守中官，委任大臣。既而廷臣竞门户，兵败饷

绌，不能赞一策，乃思复用近侍。”[52]

内臣—督抚、总兵官体制的实质是以内驭外。派往各边镇的内臣径称监视太监。何谓监视？崇祯五年（1632）正月，西协监视太监邓希诏言：“臣蒙差监视西协，意以监者如监察御史，视者如巡视科道，是非利弊，皆得纠弹。”同时，蓟辽总督曹文衡疏劾邓希诏时指出，监视邓希诏“自认为代天子欲与巡方同体，复嫌巡方尚卑于中丞；又自认为军门，复嫌臣之耦己，不宜有两军门；又自认为监视军门，在军门之上。初至犹书监视太府，近则曰监视军门”。[53]内臣对督抚、总兵官等文武大臣的监视和牵制，由此可见一斑。

以内驭外的体制带来了严重的危害，内臣的监视并没有使地方军政败坏的局面得到改善。相反，由于督抚、总兵官处处受制，更加深了军事衰敝的程度。崇祯四年（1631），御史李日辅即上疏指出，内臣干预军政，是“假专擅之权，骇中外之听，启水火之隙，开依附之门，灰任事之心，藉委卸之口”。[54]崇祯九年（1636），刘宗周针对遣内臣做总监、重其威权的情况，[55]指出朝廷委派内臣，“重其体统，等之总督。中官总督，将置总督于何地？总督无权，将置抚按于何地？抚按无权，将递置司、道、守、令于何地？是率天下而奔走于中官也，于疆事必无幸矣”。[56]《明史·庄烈帝本纪》也批评道，崇祯“信任宦官，布列要地，举措失当，制置乘方”。[57]

当然，这个特殊时期的镇戍制度，也存在其他弊端，如设官繁冗，事权不一等。黄宗羲说：“今各边有总督，有巡抚，有总兵，有本兵，有事复设经略，事权不一，能者坏于牵制，不能者易于推委，枝梧旦夕之间，掩饰章奏之上，其未至溃决者，直待时耳。”[58]当然，内臣的监视是最大的祸患。

注释：

[1]《大明会典》卷一二八，兵部十一，《镇戍三·督抚兵备》。

[2] 杨荣：《武定侯郭公英神道碑铭》，《国朝献征录》卷七。

[3]《明史》卷一三〇，《仇成传》。

[4]《明史》卷一三二，《朱亮祖传》。

[5]《大明会典》卷一二六，兵部九，《镇戍一·将领上》。

[6] 陆容：《菽园杂记》卷五："天顺以前，公侯伯都督管营者，止称坐营官。总兵之名，乃下人私相称谓，移文中无之。其以总兵自称，则近年始（成化间）。及汪直用事时，边方事皆令兵部与总兵官计议，则总兵之称，又出自御笔矣。"

[7]《明史》卷一五五，《宋晟传》。

[8]《明史》卷一四四，《盛庸传》。

[9]《明史》卷一三一，《叶升传》。

[10]《明史》卷一三〇，《耿炳文传》。

[11] 杨荣：《武定侯郭公英神道碑铭》，《国朝献征录》卷七。

[12] 陆容：《菽园杂记》，卷三。

[13][14] 陆容：《菽园杂记》，卷三。陆容，成化、弘治间曾做兵部职方郎中。他娴熟明代军事制度，对明初武官垄断军事的弊端有深刻的认识，并提出过自己的设想。他说："使当时谋国者为善后之计，每都司、卫、所正官俱设文职一员，佐贰仍用武职，除民事不预，凡军中事，宜与布政使司及府州县官会同行事，庶乎其可也。然律令有变乱成宪之戒，谁得而议之？"

[15] 陆容：《菽园杂记》卷五。

[16]《国榷》卷六。

[17][19][21]《弇山堂别集》卷九〇,《中官考一》。

[18]《明史》卷一五五,《费瓛传》。

[20][22][24]《明宣宗实录》卷三，洪熙元年七月庚午条。

[23]《明史》卷一五五,《费瓛传》。

[25]《明史》卷一六四,《左鼎传》。

[26]《明孝宗实录》卷一四〇，弘治十一年八月辛巳条。

[27]《大明会典》卷二〇九言：“都御史巡抚兼军务者加提督，有总兵地方加赞理。”

[28] 陆容:《菽园杂记》卷五。

[29]《大明会典》卷一二六,《镇戍一・将领上》。

[30] 陆容:《菽园杂记》卷五。

[31]《大明会典》卷一二八，兵部十一,《镇戍三・督抚兵备》。

[32]《明宪宗实录》卷一三，成化六年正月戊午条。

[33]《明宪宗实录》卷九〇，成化七年四月甲辰条。

[34]《明孝宗实录》卷七五，弘治六年五月戊寅条。

[35] 陆容:《菽园杂记》卷五。

[36]《明史》卷一八九,《孙盘传》。

[37][38]《明史》卷一九二,《张翀传》。

[39] 明政府裁撤镇守中官经历了一个过程。首先是更换。正德十六年（1521）四月，在明世宗所颁即位诏书中，命令各处巡按御史，将“贪酷显著，坏事有名”的镇守等官，“指实具奏取回”。但同时又命“司礼监从公推举平素廉静老成之人奏请更替”(《明世宗实录》卷一，正德十六年四月壬寅条)。后来，镇守中官陆续撤回，如嘉靖十年

（1531），即“革镇守浙江、两广、湖广、福建及分守独石、万全，守备永宁城内臣”，并规定“永勿差补”（《弇山堂别集》卷一〇〇，《中官考十一》）。至十八年（1539），明政府方将镇守中官“尽数取回”（《大明会典》卷一二六）。自此以至天启六年（1626）的近百年时间里，虽不排除极个别中官镇守的情况，但中官镇守作为制度不复存在。

[40]《明穆宗实录》卷六一，隆庆五年九月丙寅条。

[41]《明世宗实录》卷三三九，嘉靖二十七年八月庚戌条。

[42][43]《明穆宗实录》卷六一，隆庆五年九月丙寅条。

[44]《明神宗实录》卷五八三，万历四十七年六月癸丑条。

[45] 明代文臣武官之势力和地位的消长变化非常明显。明初，重武轻文。陆容《菽园杂记》卷三言：“国朝建置之初，一切右武，如五军都督府，官高六部尚书一阶。在外都司卫所，比布政司。”中期以后，情形发生了显著变化。《明史》卷九〇《兵二》言：“正德以来，军职冒滥，为世所轻。内之部科，外之监军、督抚，叠相弹压，五军府如赘疣，弁帅如走卒。总兵官领敕于兵部，皆跽，间为长揖，即谓非礼。至于末季，卫所军士，虽一诸生可役使之。”由此可见，督抚都御史恃权骄横，总兵等将官因循废职，也是时势使然。

[46]《明穆宗实录》卷一四，隆庆元年十一月辛酉条。

[47]《明神宗实录》卷二二五，万历十八年七月乙丑条。

[48]《明史》卷二二，《熹宗本纪》。按：此条材料，监军内臣与镇守内臣并言。在通常状况下，监军内臣与镇守内臣不同。镇守、守备等内臣的设置，有一定的固定性，和地方守御相关，属于镇戍制度的范畴。而监军太监，是在遇有征伐的情况下临时特设。可是，到了天启末和崇祯时期，在这特殊的岁月里，明王朝到了崩溃的前夕，各边腹皆处

于战争状态，镇守中官和监军内臣已没有严格的区分。所以崇祯时命内臣典兵，干预军政，名之为内中军，在腹里称监军内官，在边镇称为监视内臣，其职守与以前镇守内臣有重叠之处，应纳入地方守御轨道，这反映了明末镇戍制度的特殊性。

[49]《明史》卷二三,《庄烈帝一》。

[50] 张岱:《石匮书后集》卷一,《烈皇帝本纪》，中华书局 1959 年版。

[51] 张岱:《石匮书后集》卷一,《烈皇帝本纪》。

[52]《明史》卷三〇五,《宦官二》。

[53]《崇祯长编》卷五五，崇祯五年正月乙卯条。

[54]《明史》卷二五八,《李日辅传》。

[55] 如崇祯九年七月，即以监视关、宁太监高起潜为总监（《石匮书后集》卷一,《烈皇帝本纪》)。

[56]《黄宗羲全集》第一册,《子刘子行状卷上》，浙江古籍出版社，1986 年版。

[57]《明史》卷二四,《庄烈帝二》。

[58]《黄宗羲全集》第一册,《明夷待访录・方镇》。

下编 监察御史

第一章　十三道监察御史

十三道监察御史，额设一百一十人，正七品。[1]浙江、江西、河南、山东各十人，福建、广东、广西、四川、贵州各七人，陕西、湖广、山西各八人，云南十一人。南京十三道，额设三十人。浙江、江西、河南、山东、山西、陕西、四川、云南、贵州九道，各御史二人。福建、湖广、广东、广西四道，各御史三人。南道御史嘉靖后不全设，恒以一人兼数道。

十三道监察御史名额多，品秩低。但明王朝对其寄以重任，对其升迁任免非常重视。他们拥有广泛的监察权、言事权和对许多实际事务的执行处理权。其差派名目繁多，范围很广，尤以巡按最有特色，我们将辟专章论述。

第一节　十三道监察御史的人事管理制度

十三道监察御史是明王朝的耳目风纪官员，其选任、考核和黜陟，有一套系统的、严密的制度。

一、选拔与任用

1. 从“三途并用”到排斥吏员入选

明初选拔官员，“进士、举贡、杂流三途并用”，[2]唯才是举，不拘资格，十三道监察御史的选任也是如此。洪武十五年（1382）十月更置都察院时，木通甫以秀才授监察御史，吴荃以秀才授试监察御史。[3]洪武十八年（1385）十一月，授会稽县知县凌汉为监察御史。[4]洪武二十五年（1392），擢监生师逵、墨麟等为监察御史。[5]同年十二月，因建昌府知府王克敬推荐，擢缙云县税课局大使陈德文为监察御史。[6]

到永乐时期，对御史出身便有了一定的要求和限制，主要表现为排斥吏员入选。永乐七年（1409）六月，明成祖黜退御史洪秉等人为序班。当时朱棣北狩，命署吏部事、兵部尚书方宾简拔南京监察御史，才能卓著者召来听用，方宾奏陈张循理等二十八人。“上问其出身，宾言循理及顾佐、张睿、欧阳谦等二十四人由进士、监生，洪秉、龙士安等四人由吏。上曰：‘古者用人虽不专一途，然御史，朝廷耳目之寄，须用有学术识达治体者，安可用吏？’”于是，便免去洪秉等御史职，并下令“继今御史勿复用吏”，且“遣书谕皇太子亦如之”。[7]此后资格要求愈益严格。

正统四年（1439），重申永乐时吏员不得入选御史的禁令，“凡都察院各道监察御史并首领官、按察司官并首领官，不许以知印、承差、吏典出身人员充用”。[8]同年，确定了御史考选制度，选用御史的资格基本上被固定下来。

御史入选注重出身，排斥吏员，是由当时具体的社会环境决定的。明王朝建立的时候，一切草创，百废待举，人才缺乏，“士各以所长奋，毋问所从来”，用人“有其人而无其格”。[9]后来，随着明政权日趋巩固，各级学校普遍设立起来，科举取士制度走向正常化，极大地拓宽了明王朝的人才来源。于是，那些素来为人们所鄙夷的吏员，[10]被排挤出仕途，排挤出作为明王朝耳目之寄的监察官员之列，已是大势所趋。

2. 御史考选制度

宣德时，当时“在京诸司奸弊纷出”，“司风宪者非惟不能纠举，且实与之和同”。[11]明宣宗朱瞻基针对这种宪纲不肃宪纪颓废的严重情况，起用顾佐为右都御史，下决心整顿都察院。顾佐对现任御史进行严格的审察简择，奏请谪降张观、李孟暄、赵安等一大批不达政体、不谙文移、贪淫无耻之人。[12]与此同时，在南京都察院，左副都御史邵玘，也考察奏请降黜沈善、萧金、王恭等一批玩忽职守、亵渎台纲的不职御史。[13]通过这次大整顿，明政府总结了御史选拔任用的得失，对其提出了严格的要求，为正统间考选制度的确立奠定了基础。其主要表现为两个方面：

一是选任资格。对御史的来源有了较为明确的规定，一般要从进士、监生、听选知县、教官中拣择推荐。

二是历政分等考察选授。明宣宗认为，御史对“政务阙失、民生利病、百官贤否皆得奏举”，[14]耳目之寄，其任非轻，不仅要持身端正，老成谨厚，而且要才猷出众，识达治体，如此方为称职。故此官决不可轻授，“令于各道历政三月”，都御史“察其言行，考其贤否，第为三等”，然后由皇帝亲擢授职。[15]

根据这两条原则，右都御史顾佐奏举才堪御史的进士、监生、听选知县、教官凡43人。明宣宗令他们在都察院“各道历政三月，考其能否，第为上中下三等”。上等知县吴文英等12人，中等教谕杨禧等24人，下等董敬等7人。命上等、中等俱为监察御史。[16]

御史考选制度，正式形成于正统四年（1439）七月。针对当时御史选任中举保之法的弊端，礼部尚书胡濙等议请：“自今御史员缺，第从吏部于进士、监生及教官、儒士出身俱历一任考称内选其操行端洁、政理疏通者，送都察院理刑半年，本院复试堪任者具奏擢用。”[17]这一建议，得到了明英宗的批准并作为制度固定下来。

考选制度包括三个要素：

第一，除对品行方面的要求外，对出身作了严格的规定。当时学校、科举兴盛，从进士、监生出身的官员中选拔，自然是顺理成章的事情。其以教官、儒士充任，则是当时尊崇师儒社会风尚的反映。《明史·选举志》言：“明初，优礼师儒，教官擢给事、御史，诸生岁贡者易得美官。”[18]

第二，把历任考称作为入选御史的条件，理刑半年作为擢用授职的前提。这些规定，是根据监察御史作为风宪官的特点决定的。宣德十年（1435）五月，明英宗给行在都察院及各处按察司敕谕：“朝廷设风宪，所以重耳目之寄，严纪纲之任。凡政事得失，军民休戚，皆所当言；纠举邪慝、伸理冤抑，皆所当务。比之庶官，所系尤重。”[19]所以，御史要有效地履行职能，须练达治体，通晓法律，熟谙文移，而这些方面的能力素质，却要通过实际的历任理刑经历方能取得，新进初仕之人，一般说来是不可能胜任的。当初，明仁宗曾对吏部尚书蹇义讲过这一问题。他说：“御史，朝廷耳目之官，惟老成识治体者可任。新进小生遽受斯职，未达政治之体而有可为之权，遇事风生，以喜怒为威福，以好恶为是非，甚者贪秽无藉。贤人君子正直不阿，往往被其凌辱；小人阿顺从谀之，则相与为胶漆。其于政事得失、军民利病略不究心，安在其为耳目也！”[20]可见，强调历任考称势在必行，十分必要。宣德十年（1435）五月，明英宗即敕令行在都察院和行在吏部，“今后初仕者，不许铨除风宪”。[21]这次胡滢等人的议请，等于说对此加以重申，同时又把宣德年间当可径选御史的监生，排斥出直接擢升御史的行列。故《续文献通考》说：“自正统以来，举贡监生无复有径授台谏。”[22]

第三，御史考选制度包括两个环节，即吏部选送和都察院考察。两相颉颃，相资并用。吏部虽有决定候选人的权力，但无权考授；都察院可考核奏请除授，但无提名权。若吏部选送老成重厚、学识优长之人，再经过半年理刑，都察院从公考核堪于任使，自然可以得以授职；倘若吏部举非其人，将“人物猥琐、政绩无闻及托故俟选者一概举送”，[23]都察院经过精心体察，亦可废置不用。二者同等重要，不可偏废。《明史・选举志》称“吏部、都察院协同注拟”。[24]可见，只要吏部慎重选送，都察院从严考察，便能够做到“用得其人”，选拔出合格的御史，使纪纲大振，“庶政清平，群僚警肃”。[25]当然，这是就理论上而言，事实上，在实际执行过程中，慎选与严察的原则往往被滥举、滥察之弊所取代。

正统四年（1439）明政府制定的御史考选制度，在以后的200余年间，从根本上未做过大的变动，即强调出身、历任考称、吏部都察院协同注拟等三项原则被固定了下来，但在具体问题上，也曾做过多次的补充、改易和完善。兹择其要，述之于后。

正统六年（1441），对候选人作了详尽具体的规定：“凡御史员缺，于行人、博士、知县、推官、断事、理问及各衙门司务、各按察司首领官，进士监生出身，一考两考者，吏部拣选送院，问刑半年，堂上官考试除授。”[26] 不分内外，扩大了御史入选的范围。

景泰六年（1455），实行试职考察的办法，是对理刑试职考称的发挥和延伸。吏部选送官员作为试监察御史，在都察院试职一年，岁满“从本院堂上官考察实授。不堪用者送回吏部别用”。[27] 成化十二年（1476）又规定试监察御史，“一年已满，刑名未熟，再试半年，仍前考试除授”。[28] 但其只行于一时，不为经制。一般情况下，试监察御史试用期为一年。但庶吉士改授御史，不须经过试职，此为特例。[29]

嘉靖、隆庆、万历时期，也曾偶取主事、评事、各部员外郎资望相应者考补，但时行时废非为定制。[30]

3. 京官保举法

宣德十年（1435）五月，明英宗敕谕行在都察院及各处按察司，提出了御史保举条例及举主连坐之法：“凡监察御史有缺，令都察院堂上官及各道官保举，务要开具实行闻奏，吏部审查不谬，然后奏除。其后有犯赃滥及不称职，举者同罪。”[31] 其后又命三品以上京官皆得举保，所举之人送都察院问刑半年，然后考验奏除。

根据这些原则和条例，正统元年（1436）九月，右都御史陈智等举 17 人送行在都察院问刑。[32] 正统四年（1439）二月，行在吏部会官举保行在刑部等衙门照磨陈嶷，博士陈璞、张淑，行人马驯，推官徐郁，经历计珩，副断事杨刚，提举邵盘，知县冯昭，县丞赵瑜俱堪任风宪，奏请送都察院理刑考授。[33]

举保之法，是在御史严重缺员的情况下所行的一个权宜之计，它存在着一定的可行性，但有较大的缺陷和弊端，并不能作为制度规定下来。正统四年（1439）七月，行在工科给事中吴升上疏指出："御史，朝廷耳目，所以肃清庶政、纠劾百僚者也。至于理刑，特其余事耳。迩年悉命三品以上京官举保，臣愚以为御史既蒙大臣举拔，则大臣或有奸回不法之事，孰肯背举主之私恩，罄弹劾之公谊乎？"[34] 他要求暂停举保之例。

吴升对举保条例的质疑，明政府给予了高度重视，英宗朱祁镇命行在礼部会议奏闻。于是，经礼部尚书胡濙议请，对选任御史作了明确而具体的规定，确立了考选制度。但对保举法却未否定，仍作为御史补缺的一种途径。如正统九年（1444）八月，从左都御史王文荐举，擢进士毕鸾、胡贯、任宁、章文为监察御史。[35]

景泰初，十三道监察御史张子初等人，又上疏指陈御史保举法之弊，"行之既久，奔竞成风，所举岂能得人"，"知县教官既以私情而求理刑，其拜官也岂不委靡而废职乎！况御史若从大臣举保而任之，则大臣有过，彼必钳口卷舌而不言；大臣有嘱，彼必俯首帖耳以听命矣"。明代宗朱祁钰命礼部会官讨论，"咸谓大臣保官，诚有所弊，宜如御史所言革之"。于是，景泰元年（1450）六月，京官保举法被废止。[36]

4. 抚按藩臬府正举保法

京官保举法废除后，至天顺、成化年间，又提出了抚按藩臬府正举保法。

天顺五年（1461）十月，都察院右都御史李宾奏准："御史任重，非博察公举不得人。宜令布按二司正官并直隶知府同巡按御史各举所属知县、推官二三人送都察院问刑半年，堪者授以职，否者复任。”[37]至成化六年（1470），又根据左都御史李宾的建议，对该举保法作了重申和补充说明：（一）限制年龄和出身。要求藩臬府正并巡按御史将本处推官知县内“年三十以上五十以下、在任三年之上、系中举及进士出身者，不拘员数，从公陆续推举，起送吏部核实，分送各道”。（二）申明举保纪律。“若知而不举及所举不公者，皆坐以罪。”（三）扩大举主范围。“命巡抚官一体从公推举。”[38]

抚按藩臬府正举保法的实行，主要有三方面的优点。第一，把御史候选人的范围，扩大到全国各地，极大地拓宽了监察御史的来源。第二，可以选拔一大批精明强干、有实际处事能力的官员充任御史，提高御史的质量。推官“理刑名，赞计典”，知县为亲民官，“掌一县之政”。[39]他们作为明王朝的基层官员，对政事得失、民生利弊有具体而深刻的体验，同时又有处理政务、审问刑狱的娴熟能力。所以，若抚按藩臬府正真正做到从公推举，由此行取，[40]则可以做到台臣得人，台纲整肃。第三，除考选制度的作用外，这个举保法从另一方面打破了每遇御史员缺，即以进士铨补的局面，为推官、知县在仕途上展现了无比光明的前景，无疑是对他们尽力职守的莫大鼓励。所以，抚按藩臬府正保举之法在一定程度上调整了中央官员和地方官员的权力分配关系，增强了吏部铨注官员的灵活性，也改善了当时士人耻为下僚的社会心理。[41]

但是这只是问题的一个方面。另一方面，同样重要的是，如何保证这种举保法正常、健康而有效地贯彻和实行，关键在举主。若不责举主，抚按藩臬府正官就不可能真正做到“不纳贿赂，不私故旧，不听请托，不执偏见，协于公论”，有时甚至会恰恰相反，举保之权成为他们徇私舞弊的资本，造成奔竞之风盛行的局面。[42] 如此，举非端士，庸流充塞，望其“正己正人，扬清激浊以振肃纪纲”，则是很困难的事情。[43] 成化七年（1471）四月，吏科都给事中程万里疏奏：各处所举知县王舆、夏环、赖瑛等人，或“过名颇多”，或“素乏善举”，或“见有赃私”，要求将他们“发回原任，勉其修职”。同时要“罪其举主”。于是，举主巡抚都御史滕昭等夺俸半年，知府龙晋等人皆夺俸一年。[44] 反之，若过于责罚，连坐举主，则对于素以明哲保身作为仕宦之道的封建官僚来讲，当然要不举或少举以避祸患。自成化六年（1470）十月重申并补充举保法到七年（1471）十一月，时已逾一年，据左都御史李宾奏陈，“惟南直隶巡抚、巡按及浙江两司会举数人，其他顾忌畏避未见敢举一人者”。[45] 值得注意的是，上面谈及的因举用非人而受罚俸半年处分的南直隶巡抚滕昭，就是李宾在此所讲到的寥若晨星的举保者之一。[46] 可见，在抚按藩臬府正举保法执行过程中，畏避不举与举非其人均为无法克服的弊端。故明政府对举主所作的知而不举与举而不公皆坐以罪的规定，其实际效果无疑要打折扣。

综上所述，明代御史的选任，有下列几个特点：第一，考选制度与保举之例并行参用。第二，从重出身逐渐向重实际处事能力过渡。但科目出身尚为入选的前提条件。第三，用人不分内外，内则中、行、评、博等官，外则推官、知县，符合条件皆可入选。

二、考核

洪武十四年（1381）十月，明政府制定在京在外各衙门属官或首领官考核法，视不同情况，或由本衙门正官考核，或由监察御史考核，察行能，验勤怠，定为称职、平常、不称职，“各三年一考，九年通考黜陟”。近侍等官员由皇帝亲自裁定。当时，御史台已废，都察院尚未设置，且“监察御史为耳目风纪之官”，故考核法规定，监察御史“不在常选，任满黜陟”，“取自上裁”。[47]十五年（1382）十月，更置都察院。十六年（1383）六月，吏部奏定考核之制，规定“监察御史从都御史考核”，“以功过称职与否开具送部复考”。[48]

公差监察御史考满，若事未完结，“不得赴京”，或具呈都察院，“将行过事迹并考语咨部，应行河南道者候牒回复考，具题就彼复职管事”；或“候事完，赴部补考”。[49]

明制，“内外官考满之外，复有考察”，初无定期，弘治以后，定为六年举行一次，又常有因事间行、奉敕特举的情况。十三道监察御史的考察，由都御史负责，或都察院会同吏部举行。[50]

纠劾是考察御史的一项主要内容。正统四年（1439），明政府规定，都察院堂上官、首领官甚至吏典以及按察司官员，都有权纠举监察御史，监察御史之间也有权互相纠劾，这是对纠举御史的原则规定，故后来申明御史巡按、清军、巡盐、刷卷等项，许巡抚都御史、按察司官纠举，“亦要互相纠察”。[51]从这里，可以明显看出，凡属于也只有属于监察系统的所谓“耳目之官”，包括监察御史自身，才有纠察十三道监察御史的权力。

嘉靖六年（1527），因礼部右侍郎桂萼奏请，令六科给事中纠举十三道监察御史，这是一个非正常的情况。明世宗以藩王入继皇位。大礼之议，廷臣中形成了以内阁首辅杨廷和为代表的一派和以张璁、桂萼、席书、方献夫等为代表的议礼派的对立，言官站在杨廷和派一边。又在当时京察之中，“南京言官拾遗及萼”。[52] 为了裁抑言官，桂萼上言：“故大学士杨廷和广树私党，蒙蔽陛下者六年。幸次第斥逐，然遗奸犹在言路。昔宪宗初年，尝诏科道官于拾遗之后，互相纠察，言路遂清，臣请以时举行如旧例。”这个建议受到吏部侍郎孟春等人的反对，认为“成化中廷臣会举，科道超升巡抚，有劾奏所举不胜任者，宪宗乃命互相纠劾，一时外补者七人，非考察拾遗事例。且宪纲所载，内外风宪官得相纠举，未及六科，与（桂）萼所称例不合”。[53] 但是，世宗“终以萼言为是，诘吏部党护。令科道互相纠举考察遗漏者以闻”。[54] 这样，给事中就取得了纠劾监察御史的权力。这年十一月，给事中方纪达等遂遵旨劾奏“山西道监察御史粘灿、先任四川道监察御史今升江西按察司佥事赵光各不职”，御史毛麟之奏给事中彭汝寔等各不职。[55]

这种情况存在的时间很短，它违背宪纲，且与明王朝重耳目之寄的原则不符，故嘉靖十七年（1538），明世宗即下令“停科道互纠，仍听部院从公考察”。[56]

六科给事中是皇帝的近侍官，又是言官，享有对内外官员广泛纠劾权，负责“拾遗、稽察六部百司之事”。[57] 唯独对十三道监察御史，却不能纠举，这反映了御史作为耳目之官职司的重要和地位的尊崇。

三、升迁

十三道监察御史职任重大，其升迁拔擢也具有特殊性，总的说来贯彻“赏厚”的原则。

洪武时期，十三道监察御史的升迁有两个显著特征。第一，不次擢用。明太祖朱元璋亲擢一大批监察御史为部佐、寺丞、都御史及方面府正。洪武九年（1376），擢御史黎光为刑部侍郎；[58] 十八年（1385）三月，升监察御史唐铎为都察院右副都御史；[59] 二十三年（1390）九月，升河南道监察御史周志清为大理寺右寺丞；[60] 二十九年（1396）六月，迁监察御史李文敏为四川按察使。[61] 十三道监察御史品秩低，仅正七品，十五年（1382）更置都察院之初甚至为正九品，由此径升四品以上的部佐、方面等官职，反映了明政府对他们的高度重视，对其勤于职守起到莫大的鼓励作用。之后，"赏厚"不次升擢成了有明一代御史升迁的基本指导思想。第二，不循资格，重操行政绩。如陶垕仲，洪武十六年（1383），以国子监生擢监察御史，"纠弹不避权贵。劾刑部尚书开济至死，直声动天下"。[62] "上雅爱重之，故升为福建按察使"，[63] 时为洪武十七年（1384）正月。监察御史凌汉"巡按陕西，奏陕西民病数事"，[64] 且执法平允，持身廉洁，不受私馈，"京师有德汉者，遇诸途，邀汉饮，厚报以金。汉曰：子罪当尔律，非我私子，酒可饮，金不可受。上闻之嘉叹，擢汉为右都御史"。[65] 这种强调品行、能力的用人思想，也对后来产生了较大的影响。

如前所述，洪武十六年（1383），规定了御史考核办法。随着御史考核日趋制度化，御史的升迁也逐渐向制度化过渡。在通常状态下，监察御史考满，都御史考其称职、贤能卓异者，开具详情送吏部，吏部奏请升迁。洪熙元年（1425），监察御史魏源以九年考满升浙江按察副使。[66] 宣德三年（1428）八月，"以九年考最，升行在山东道监察御史朱仲安为河南按察使"。[67] 同年十一月，杨昺九年考满，吏部言其练达政务，升为浙江按察佥事。[68] 这里值得强调的是，永乐以后，监察御史的升迁主流，从洪武时期京官、外官两个方向，变为地方官一个方向，虽也有升擢部佐、寺丞、都御史之类的情况，但一般情况下皆升为方面府正，其中又以按察司官员为主，这在事实上成了御史升迁的一项原则。

考满升迁以外，常有不拘年限之超擢，这是对洪武年间重操行政绩思想的继承。张纯，宣德元年（1426）拜四川道监察御史。宣德八年（1433），“丁内艰守于家”，力谋救济灾民。正统三年（1438）起复，改行在江西道，“言论蹇谔，奏章屡陈”，明英宗“知其能，特拜行在都察院右佥都御史”。[69] 马文升，景泰二年（1451）授御史，[70]“勤力自课，所论建靡不依傅大体”。出按山西、湖广，“所至发奸摘伏”，“墨吏相率望风解印绶去，还领全台章奏，以母忧归。服除，超拜福建按察史”。[71] 王继，成化二年（1466）拜云南道监察御史，巡按山西，裁抑权势，雪理冤抑，“民赖以安”。九年（1473），巡抚陕西都御史马文升“以边塞屯政久废，边储匮乏，疏请才力过人者往任之”，遂超擢王继为陕西按察佥事，督理屯田。[72]

监察御史考满，因公事在身不得代，则延期升迁。景泰三年（1452），云南道御史张斌九载秩满，当时他奉敕协赞密云军务，“久理关塞，备御有策，狱讼公平，军民倚赖，遇警督兵截杀，累立战功”。故镇守密云等处署都指挥佥事张兴等疏奏乞留。又过了六个春秋，天顺二年（1458）明英宗念其“久劳于外”，方召回擢福建布政司左参政。[73] 再如吴道宁，成化十七年（1481）升监察御史。弘治三年（1490）九载秩满，适值在河东巡盐，又帮助区划广济渠事，故延至弘治十一年（1498），才升山西按察司副使。[74]

保举是御史升迁的一条特殊途径。[75] 宣德以来，每遇方面府正缺员，可从廉能御史中保举充任。如宣德间广东道监察御史罗铨明理勤事，慎法审情，遇事务求至当，都御史顾佐亦数称其才，“同辈有窒未通者，咸就质之；都御史有疑未决者，咸召咨之”。时湖广缺按察使，“有旨令廷臣举端重廉能达于治体者”，遂举罗铨充任。[76]宣德初，明宣宗“以苏松等郡任郡守者弗得其人，命大臣各举贤能者”，都御史荐湖广道监察御史何文渊出知温州。[77]

然而，保举法的实行，在很大程度上影响了监察御史的正常升迁。（一）御史九载考满，若无人推荐，多升府同知、州同知，这就背离了不次擢用的“赏厚”原则。正统四年（1439）七月，行在都察院右都御史陈智上疏指陈这一问题。他说，御史为风纪之任，洪武、永乐间“任满九载，俱不次升擢方面正佐及知府等官。近年有经九年而无人推荐者，多升各府同知”。“第监生历事三月，初仕有即得此职者”，而御史历任九年，“顾亦但升是职，岂不轻重失伦耶?”[78]正统六年（1441）七月，巡按山西监察御史曹泰也上疏，指出“我朝之任监察御史，小其职而重其任，略其细而求其人，所以养其锐气也；九年考满，不次擢用，所以劝其尽职也”。“近年监察御史九年称职，无大臣举荐升府同知，九年平常又无荐者升州同知”。他提请御史“九年考称，虽无大臣举荐，乞准旧制不次升用，庶几锐气不沮，而将来人臣之有憸邪、时政之有缺失，得以悉闻于上而无所顾忌”。[79]（二）御史以纠劾为职，不次超擢是为了鼓励他们不避权势，弹击不法，维护封建纪纲。从大臣方面讲，受到御史举劾，在保举中难以做到公正无私。正统十一年（1446）十月，巡按浙江监察御史上疏指明了这一点，他说：“近年以来，方面府正缺员，率由三品以上廷臣保举”，御史以纠察为职，“苟欲上忠于君，下尽其言，宁无忤于人，招谴于己？考满待升，求如宋文彦博之荐唐介、吕夷简之举范仲淹者，几何人哉！”[80]对御史来说，为了不影响升迁，难免要缄默不言，甚至要“依附权贵”“肆意诛求”。[81]可见，举保之法，从表面上看是御史升迁的一种方式，但在很大程度上阻碍了御史升迁的道路。不仅如此，还会出现御史败坏宪纪、开奔竞之风的恶果，影响他们对大臣不法行为的纠劾。所以，明政府除对保举升用严饬，“许言官指劾”外，[82]还命吏部无论是否有人举保，御史考满，照例奏请升授。[83]因此，总的看来，不次升迁的“赏厚”原则，有明一代始终一致地贯彻了下来。

四、黜降

从制度上看，以宣德、正统间御史考选制度确立为标志，十三道监察御史的黜降，可分为两个时期。

第一个时期，由于御史的选用尚未制度化，对选拔御史的条件和资格、选拔的方式和途径，都没有做出明确的规定，许多不适于任风宪之职的人，加入了监察御史的行列。所以御史的降黜，除了和其他官员一样，因违犯明王朝各种法令条规、玩忽职守或卷入政治纷争等因素外，还有一个很重要的独特的因素，即不称职、不能满足明政府对风宪官员的职业要求。如宣德二年（1427）二月，行在福建道监察御史孙景明、行在河南道监察御史郑坚，皆因“不胜任”分别降为扬州府、安庆府推官。[84]宣德三年（1428）闰四月，以“不谙刑名”，降河南道监察御史吕杲为顺德府推官，行在山西道监察御史张恺为肇庆府推官。[85]八月，李孟瑄、王颐等以不达政体降为县典史。[86]四年（1429）二月，萧全、郑道宁、杨昭、萧升、曹泉、木讷等六人以不达政体，王恭、栾风、潘纲等三人以不谙文移皆被降黜。[87]

第二个时期，即宣德、正统间考选制度确立之后，明政府对监察御史的选授，作了明确而严格的规定：候选者或在都察院理刑半年或试职一年，经都察院复试，堪任者请旨除授，不称者送吏部别用。这就从制度上保证了监察御史对职业的适应和熟练能力（在非滥选滥考的情况下）。从此，御史的降黜，便很少因为无能力胜任其职而引起。故天顺八年（1464）七月，都察院都御史奉旨考察五品以下官员，奏言“欲将本院御史先行考察，若有操履不谨、贪酷庸懦等项及刑名欠通、文移不晓者，送吏部照例定夺”。明宪宗说：“御史已经本院考通刑名除授，不必再考刑名，只考察实迹”。[88] 可见御史的降黜，已排除了以前制度不完善方面的因素，经考选除拜，皆能胜任，主要就看是否勉于职守、廉洁奉公以及其他非职业性因素了。所以宣德、正统以后，除个别情况外，很少因不谙刑名、文移不通而被罢黜。在正常情况下，御史的降黜，多由其枉法渎职败坏宪纪导致。如监察御史朱贤巡按福建，同年进士户部主事黄景隆“时居忧，因与相见。既而景隆有姻家诉田于贤，被讼者言不逊，贤怒杖之，死者五人”。事闻，“逮至京，刑部会官鞫问”，罪当徒，明宪宗以其残酷、擅作威福，于成化三年（1467）三月，“命赎罪除名为民”。[89] 正德四年（1509）正月，监察御史欧阳云因“有贪声”被黜为民。不过事有蹊跷。当时刘瑾弄权当道，“出差回京者必纳赂于瑾乃可免祸，往往于所至地方科索金钱”。欧阳云“出差自陕回，亦踵故习。而瑾之党适有说瑾勿受出差官馈遗者”。刘瑾遂称其贪浊，欧阳云做了牺牲品。[90]

监察御史职司风纪，明王朝寄以耳目，委以重任，不次升擢以励其志。与此同时，对他们违法失职的处罚也非常严厉。正统四年（1439）规定：监察御史“不许于各衙门嘱托公事，违者比常人加三等，有赃者从重论”。其巡历去处，“若知善不举，见恶不拿，杖一百，发烟瘴地面安置，有赃从重论”。[91] 凡此等等，与不次擢用的“厚赏”原则相对应，明代监察御史的降黜贯彻着“重罚”思想。宣德三年 (1428) 八月，监察御史高昭犯赃罪，依例当罚役赎罪复职。明宣宗言：“犯赃罪岂可复任风宪！”命罢为民。[92] 正统十一年（1446），河南道监察御史吴镒，“坐事为法司论断罚役”。九月，吏部言其风宪失职，遂出为河内知县。[93]

以上讨论了十三道监察御史的一般性降黜。此外，还有非正常的情况。御史是活跃在明代政治舞台上的一支重要角色，其命运与明王朝政治风云的变幻息息相关。有明一代，许多监察御史不畏强暴，不屈于权势，秉持风节，维护封建纪纲，然而却受到种种不公正的待遇而被黜降。在严酷的政治斗争中，特别是明朝中后期党争的出现和加剧，许多监察御史被卷入纷争的漩涡之中，成了政治斗争的牺牲品。关于这些，容待后论。

通过本节讨论，我们把十三道监察御史的选拔和任用，考核、升迁与黜降的全部内容，概括为如下八个字：精选、慎察、厚赏、重罚。精选可得其人，慎察可重其位；厚赏以示劝勉，重罚以表惩戒，这些都是由御史作为明王朝耳目风纪官员的特殊性决定的。当然，这是就制度本身而言，事实上，一切都不是孤立的，社会各个方面、各种制度之间有着广泛的联系，故十三道监察御史在其选用、考核、升迁、黜降等问题上，也呈现出纷繁复杂的现象。

注释：

[1] 洪武十五年，更置都察院，设置浙江、河南、山东、北平、山西、陕西、湖广、福建、江西、广东、广西、四川十二道监察御史。建文间改十二道为左右两院，止设御史 28 人。永乐元年（1403），改北平道为北京道。十八年（1420），罢北京道，增设贵州、云南、交阯三道。宣德十年（1435）罢交阯道，始定为十三道。

[2]《明史》卷六九，《选举一》。

[3]《明太祖实录》卷一四九，洪武十五年冬十月戊子、辛卯条。

[4]《明太祖实录》卷一七六，洪武十八年十一月乙亥条。

[5]《续文献通考》卷五五，《学校考・太学》。

[6]《明太祖实录》卷二二三，洪武二十五年闰十二月甲申条。

[7]《明太宗实录》卷九三，永乐七年六月丁卯条。

[8]《大明会典》卷二〇九，《都察院一・急缺选用》。

[9]《西园闻见录》卷三〇，吏部一，《资格》引叶向高语。

[10] 叶适：《水心先生文集》卷三，《吏胥》言："吏胥之害，从古患之，非直一日也"。另，吏多贪婪，人们常称之为墨吏。马端临《文献通考》卷三五，《选举八》载刘晏言："士陷赃贿，则沦弃于时，名重于利，故士多清修；吏虽廉洁，终无显荣，利重于名，故吏多贪污。"

[11]《明宣宗实录》卷四五，宣德三年七月戊午条。

[12][15]《明宣宗实录》卷四六，宣德三年八月乙丑条。另注，《明宣宗实录》卷五三，宣德四年四月丙戌条所言选任御史的方式，亦与此同："风宪之任，未可轻授。令于各道历政三月，都御史考其贤否，分等第以闻，然后授官。"

[13]《明宣宗实录》卷五一，宣德四年二月壬寅条。

[14]《明宣宗实录》卷八四，宣德六年十月乙亥条。

[16]《明宣宗实录》卷四八，宣德三年十一月丁丑条。

[17]《明英宗实录》卷五七，正统四年七月乙丑条。

[18]《明史》卷六九，《选举一》。

[19][21]《明英宗实录》卷五，宣德十年五月癸酉条。

[20]《明仁宗实录》卷一〇，洪熙元年五月庚午条。

[22]《续文献通考》卷五五，《学校考》。

[23]《明英宗实录》卷一四二，正统十一年六月丁巳条。

[24]《明史》卷七一，《选举三》。

[25]《明宣宗实录》卷四五，宣德三年七月戊午条。

[26][27][28]《大明会典》卷二〇九，《都察院一・急缺选用》。

[29]《明史》卷七一，《选举三》。

[30]《大明会典》卷二〇九，《都察院一・急缺选用》。

[31]《明英宗实录》卷五，宣德十年五月癸酉条。

[32]《明英宗实录》卷二二，正统元年九月丁未条。

[33]《明英宗实录》卷五一，正统四年二月丁卯条。

[34]《明英宗实录》卷五七，正统四年七月乙丑条。

[35]《明英宗实录》卷一二〇，正统九年八月甲寅条。

[36]《明英宗实录》卷一九三，附录第十一，景泰元年六月甲午条。

[37]《明英宗实录》卷三三三，天顺五年十月甲午条。

[38]《明宪宗实录》卷八四，成化六年十月辛亥条。

[39]《明史》卷七五，《职官四》。

[40]《明史》卷七一，《选举三》言：给事中、御史“自推、知人者，谓之

行取”。

[41] 参见《明孝宗实录》卷四九，弘治四年三月癸未条。兵科给事中杨瑛言三事之“擢异能，以作士气”。沈德符《万历野获编》卷二二，《府县·邑令轻重》言：初，“给事、御史多从新进士除授，以故外官极轻”。“自选举法兴，台省二地非评博中行及外知推不得入，于是外吏骤重，而就中邑令，尤为人所乐就”。

[42]《明宪宗实录》卷九七，成化七年十月壬申条。

[43][44]《明宪宗实录》卷九〇，成化七年四月乙卯条。

[45]《明宪宗实录》卷九七，成化七年十月壬申条。

[46]《明宪宗实录》卷八三，成化六年九月庚辰条言：命右都御史滕昭巡抚苏、松；卷九九，七年十二月庚寅条，升巡抚苏松右副都御史滕昭为兵部右侍郎；甲午条言命应天府尹毕亨巡抚应天。

[47]《明太祖实录》卷一三九，洪武十四年十月壬申条。

[48]《明太祖实录》卷一五五，洪武十六年六月己卯条。

[49]《大明会典》卷一二，吏部十一，《考核一·京官》。

[50]《大明会典》卷一三，吏部十二，《京官考察》。

[51]《大明会典》卷二〇九，都察院一，《纠劾官邪》。

[52]《明史》卷一九六，《桂萼传》。

[53]《明世宗实录》卷七七，嘉靖六年六月己巳条。其中所言宪纲，是都察院官员行事的法则。《天府广记》卷二三言：“洪武四年正月，定宪纲，御史台进拟《宪纲》四十条。上览之，亲加删定，诏刊行颁给。”徐学聚《国朝典汇》卷五三所言与之基本相同，然其内容无可考见。明宣宗时期，基于洪武初定宪纲后官制作了重大变动，遂“因时改书”，“考旧文而申明之”，“所定风宪事体著在简册者悉载其中”，且

"出臣下所自增者并削去之"，"益之以训戒之言"。书成，因宣宗辞世未及刊行。英宗即位后，又命增入见行事宜，正统四年（1439）刊印颁布（《明英宗实录》卷六〇，正统四年十月庚子条）。之后因时损益，屡加申明。

[54]《明世宗实录》卷七七，嘉靖六年六月己巳条。

[55]《明世宗实录》卷八二，嘉靖六年十一月辛巳条。

[56]《大明会典》卷一三，吏部十二，《京官考察》。

[57]《明史》卷七四，《职官三》。

[58]《明史》卷一三八，《黎光传》。

[59]《明太祖实录》卷一七二，洪武一十八年三月乙丑条。

[60]《明太祖实录》卷二〇四，洪武二十三年九月甲午条。

[61]《明太祖实录》卷二四六，洪武二十九年六月乙巳条。

[62]《明史》卷一四〇，《陶垕仲传》。

[63]《国朝献征录》卷九〇，《福建按察使陶垕仲传》。

[64]《明太祖实录》卷二二八，洪武二十六年六月丙子条。

[65]《国朝献征录》卷五六，《佥都御史凌公汉传》。

[66] 参见《明史》卷一六〇，《魏源传》。《国朝献征录》卷四四，《刑部尚书魏源神道碑》。

[67]《明宣宗实录》卷四六，宣德三年八月乙未条。

[68]《明宣宗实录》卷四八，宣德三年十一月乙亥条。

[69]《国朝献征录》卷四二，《张大司马纯传》。

[70]《明史》卷一八二，《马文升传》。

[71] 王世贞：《吏部尚书马公文升传》，《国朝献征录》卷二四。

[72] 李濂：《南京兵部尚书王公继传》，《国朝献征录》卷四二。

[73]《祥符文献志·福建布政张公斌传》,《国朝献征录》卷九〇。

[74] 何瑭:《山西副使吴公道宁墓志铭》,《国朝献征录》卷九七。

[75] 保举,“佐铨法之不及,而分吏部之权”(《明史》卷七一,《选举三》)。洪武、永乐间,铨选官员俱属吏部掌行。宣德、正统以后,始令大臣保举。(参见《明英宗实录》卷一五〇,正统十二年二月己未条。礼科给事中余忭对保举法质疑的奏疏及《明英宗实录》卷二二四,废帝郕戾王附录第四十二,景泰三年十二月癸卯条吏部对御史练纲所弹劾铨选不公的申辩疏)以后,保举法或行或废,“保举之令,历朝各异”(《大明会典》卷五,吏部四,《保举》)。

[76] 杨士奇:《通议大夫湖广按察使罗君铨墓志铭》,《国朝献征录》卷八八。

[77] 章纶:《吏部尚书何公文渊行状》,《国朝献征录》卷二四。

[78]《明英宗实录》卷五七,正统四年七月戊辰条。

[79]《明英宗实录》卷八一,正统六年七月戊午条。

[80]《明英宗实录》卷一四六,正统十一年十月癸卯条。

[81] 参见《明英宗实录》卷一五〇,正统十二年二月己未条,礼科给事中余忭对保举法质疑的奏疏。

[82]《明史》卷七一,《选举三》。

[83] 参见《明英宗实录》卷五七,正统四年七月戊辰条,明英宗对右都御史陈智所奏御史升迁问题的批示及《明英宗实录》卷一四六,正统十一年十月癸卯条。

[84]《明宣宗实录》卷二五,宣德二年二月己巳条。

[85]《明宣宗实录》卷四二,宣德三年闰四月壬寅条。

[86]《明宣宗实录》卷四六,宣德三年八月己丑条。

[87]《明宣宗实录》卷五一，宣德四年二月壬寅条。

[88]《明宪宗实录》卷七，天顺八年七月己巳条。

[89]《明宪宗实录》卷四〇，成化三年三月癸未条。

[90]《明武宗实录》卷四六，正德四年正月庚申条。

[91]《大明会典》卷二〇九，都察院一，《风宪总例》。

[92]《明宣宗实录》卷四六，宣德三年八月辛卯条。

[93]《明英宗实录》卷一四五，正统十一年九月壬辰条。

第二节　御史的常职

十三道监察御史职司范围非常广泛，从中央到地方，他们的活动渗入社会政治、军事、经济、文化各个领域。本文将其繁杂的职掌概括为常职和差遣两类。

其常职包括三个方面的内容：监察、言事和处理某些具体事务。

一、监察权

作为明王朝的耳目之官，十三道监察御史的首要职权，就是监察纠劾。明朝人何孟春说："高皇帝稽古定制，改前代御史大夫、中丞为都御史，台为察院，是以察而统公署之号也。以监察御史分设十三道，革去侍御史、殿中侍（御史）诸名衔，而纠劾、巡按、照刷、问拟之任，一切责之监察，是以察而统为宪臣之号也。御史从前代重矣，监察之尤重，未有如我朝者也。任是职者，欲无负朝廷耳目之所寄，则凡事无所不当察。"[1]

明王朝赋予十三道监察御史对国家全部政治、社会活动的监察权力，可谓无所不包。兹分而述之于后。

1. 纠劾百官违法渎职行为

洪武年间，明王朝制定并颁行《诸司职掌》。在该书都察院部分"十二道监察御史职掌"一目中，对御史的纠察对象、方式和范围，都作了具有法律效力的明文规定，即：

"凡文武大臣果系奸邪小人，构党为非，擅作威福，紊乱朝政，致令圣泽不宣，灾异迭见，但有见闻，不避权贵，具奏弹劾。

凡百官有司，才不胜任、猥琐阘茸、善政无闻、肆贪坏法者，随即纠劾。

凡在外有司，扰害善良，贪赃坏法，致令田野荒芜，民人受害，体访得实，具奏提问。……”[2]

纠察对象，包括在京在外文武百官有司。纠弹方式，有奏劾、面劾、具奏提问三种。纠弹范围，从植党营私、图谋不轨、干扰阻挠和破坏国家政令法规的实施，到因循苟且，玩忽职守，侵渔百姓以及治理无方等，多属于行政、司法等政治监察的内容。不过，在实际监察活动中，十三道监察御史纠劾的对象和范畴没有如此广泛，地方监察主要由按察司负责。如洪武六年（1373）二月，令监察御史及各道按察司“察举天下有司有无过犯，奏报黜陟”。[3]洪武十年（1377）十二月，各道按察司官来朝，朱元璋谕告他们：“有司以抚治吾民为职，享民之奉而不思恤民，惟以贪饕掊克为务，此民之蠹也。宜纠治其罪，毋以姑息纵其为害。”[4]

洪武十七年（1384）闰十月，以“在外方面多侵郡县之职”，谕礼部若“布政使所任非人，从按察使纠之”。[5]不仅如此，巡视、镇守、巡抚等公差官员，也在一定程度上享有对地方有司的监察权力。所以，至正统四年（1439），明王朝对十三道监察御史的纠劾对象和范围作了调整，规定：“凡风宪任纪纲之重，为耳目之司。内外大小衙门官员，但有不公不法等事，在内从监察御史、在外从按察司纠举。”[6]

事实上，这是对监察御史与按察司的纠劾权限的大体划分，其间并没有不可逾越的严格界限。十三道差出的巡按、清军、巡盐、茶马等御史，都带有不同的纠劾地方有司的职能。此外，这次调整，对十三道监察御史纠劾的程式、注意事项和纠劾纪律，也作了具体而明确的规定：

“纠举之事，须要明著年月，指陈实迹，明白具奏。若系机密重事，实封御前开拆，并不许虚文泛言。若挟私搜求细事及纠言不实者抵罪。凡纠举官员，生杀予夺，悉听上命。若已有旨发落，不许再劾。”[7]

申明纠劾纪律，有其针对性。明初，监察御史纠举官员，存在虚文泛诋、纠言不实、搜求细事、不务大体等问题。早在洪武元年（1368）八月，朱元璋便黜退了论劾不实的监察御史。时有御史劾奏江西参政陶安隐微之过，明太祖询问其“何由知之”，对曰：“闻之道路。”太祖曰：“御史但取道路之言以毁誉人，以此为尽职乎？”命黜其人。[8]洪武十七年（1384）九月，监察御史王常奏庐州府同知李顺祖以官仓厅为架阁库，知事赵谦卖驴于民，多取其值。朱元璋说：“御史居风宪，当持大体，乃摭拾小事如是耶！皆勿问。”[9]可见，这次申饬纠劾纪律与朱元璋对监察御史纠劾官员的要求是一致的。尽管明政府多次告诫御史纠弹务存大体，指实具奏，但虚言泛诋之弊并未能禁止。宣德初年，大理寺卿熊概、参政叶春巡抚南畿、浙江，诛暴安民，抑制奸宄。因“用法严，奸民惮之，腾谤书于朝”。行在都御史遂以谤言为据，劾奏熊概、叶春“所至作威福，发兵护送且纵兵扰民”。明宣宗命人廉查，核实没有此事。[10]都御史为宪台之长、为监察御史之表率尚且如此，当时纠弹之弊风可得而知。故申饬纠弹纪律势在必行。

2. 监礼纠仪

每遇明王朝举行祭祀、朝会、朝贺、册封等重大典礼，十三道监察御史负责监礼纠仪。洪武三年（1370）六月，即命监察御史“纠举大朝会百官失仪者”。[11]洪武二十四年（1391）四月，明太祖朱元璋下诏更定侍班官员。礼部奏定：“今后文武官除分诣文华殿启事外，凡遇升殿，各用礼鞋，照依品级侍班，如有违越失仪者，从监察御史、仪礼司纠劾。”[12]至颁行《诸司职掌》，对朝会纠仪、祭祀监礼，作了详细规定：“凡大小祭祀，敢有临事不恭、牲币不洁、亵渎神明，有乖典礼、失于举行及刑余疾病之人陪祭执事者，随即纠劾。”“凡朝会行礼，敢于搀越班次、言语喧哗，有失礼仪及不具服者，随即纠问”。[13]

在行礼过程中，纠仪御史与侍班御史各负其责，各尽其职。“凡祭祀郊社、宗庙、山川等神，若有怠于执事及失仪者，并听纠仪御史举劾”；凡“常朝，大小衙门官员奏事，理有未当及失仪者，听侍班御史并给事中劾奏”。[14]

此外，百官相见，公差复命，人们日用万物以至饮食起居、服饰、婚丧嫁娶等，皆有相应仪节程式，对越礼犯分行为，监察御史皆有纠劾之责。如永乐元年（1403）四月，监察御史刘从政劾奏驸马都尉胡观“归自山西，僭乘晋王所赐朱漆棕轿，逾礼僭分。赐者乘者皆当有罪，观及晋府长史俱宜逮问”。[15]弘治十八年（1505）十二月，御史王涣、李玺因公差复命失仪，下镇抚司狱。纠仪御史邵蕃、黄环不面纠令自劾，“各夺俸两月”。[16]

《春秋左氏传》言：“礼，经国家，定社稷，序民人，利后嗣者也。”[17]司马光《资治通鉴》说：“何谓礼？纪纲是也。”“夫礼，辨贵贱，序亲疏，裁群物，制庶事。”[18]又说：“礼之为物大矣！用之于身，则动静有法而百行备焉；用之于家，则内外有别而九族睦焉；

用之于乡，则长幼有伦而俗化美焉；用之于国，则君臣有叙而政治成焉；用之于天下，则诸侯顺服而纪纲正焉。”[19]我们认为，礼是封建等级制度的重要组成部分之一，是封建统治者维护其统治的工具。朱元璋对其也非常重视，他说：“苟为治徒务刑、政而遗礼、乐，在上者虽有威严之政，必无和平之风；在下者虽存苟免之心，终无格非之诚。大抵礼乐者，治平之膏粱；刑政者，救弊之药石。”并告诫群臣“于政事之间，宜加此意，毋徒以礼乐为虚文”。[20]所以对礼仪之事，不分巨细，皆颁布法令，制定条规，有越礼犯分的行为，即命监察御史纠劾。

3. 思想领域的监察

《诸司职掌》所定十二道监察御史纠劾职权中，有这样一条：“凡学术不正之徒，上书陈言变乱成宪，希求进用；或才德无可称述挺身自拔者，随即纠劾，以戒奔竞。”[21]从表现上看来，似乎在于肃清仕途，端正士风，但就其实质来讲，它是利用监察御史对人们的思想意识加强监督和控制，从一个方面反映了明王朝专制主义统治已经发展到极端的程度。洪武九年（1376）闰九月，山西平遥训导叶伯巨应诏上书，指出明太祖“分封太侈”“用刑太繁”“求治太速”。叶伯巨上书，“原厥本心，由于忠爱”，且警告了明王朝分封藩王的隐患，这可触怒了明太祖朱元璋，叶伯巨下狱而亡。[22]这个事件，突出反映了朱元璋严禁人们对明朝制度质疑的专制意识。丞相制度废除后，洪武二十八年（1395）六月，朱元璋敕谕群臣：“以后嗣君并不许立丞相，臣下敢有奏请设立者，文武群臣及时劾奏，处以重刑。”[23]从这两个例子，就可以领会《诸司职掌》关于监察御史对思想意识领域监察纠劾所做规定的深刻含义。

二、言事权

“察事之中又皆得言事”，[24]十三道监察御史既为宪臣又是言官，一身二任。“凡政事得失，军民利病，皆得直言无避”。[25]除一切兴利除害之事外，监察御史还可以倡言建设性的主张，但有一定的条件限制。《大明会典》言：“若建言创行事理，必须公同评议，互相可否，务在得宜，方许实封陈奏”。[26]

赵翼《廿二史劄记》言：“明制：凡百官、布衣皆得上书言事。《邹缉等传赞》谓：太祖开基，广辟言路，中外臣僚建言，不拘职掌，草野微贱亦得上书。沿及宣、英，流风未替，虽升平日久，堂陛深严，而缝掖布衣、刀笔掾吏，朝陈封事，夕达帝阍，所以广聪明防壅蔽也。”[27]但是，臣民言事，事实上受到种种限制，且置于十三道监察御史的严格监视之下。十三道监察御史，却是明王朝法定的职业言官，他们和六科给事中并称科道，活跃在明代政治舞台上，规谏皇帝，指评时政，臧否人物，在明朝政治和社会发展进程中产生了多方面的作用和影响（详见本章第四、五节）。

三、对实际政务的执行处理权

在监察权的基础上，十三道监察御史又拥有广泛的对实际政务的执行处理权。“官吏之贤否，察之，得为之激扬；兵民之利病，察之，得之为兴除；风俗之美恶，察之，得为之移易；刑赏之轻重，察之，得为之劝沮；变故之隐伏，察之，得为之消弭；狱讼之冤抑，察之，得为之清雪”，[28]涉及面很大，兹就其两个主要项目，论说于后。

1. 考核百官

监察御史考核官员，在不同时期有不同的内容，其考核的对象、范围和方式皆有变化。

洪武十四年（1381）十月，定考核法。规定在京六部五品以下及太常司、国子学属官听本衙门正官“察其行能、验其勤怠”，定为三等。五军各卫首领官从监察御史考核，三年一考，九年通考黜陟。“直隶有司首领官及属官从本司正官考核，任满从监察御史复考”。[29]

在洪武十四年考核法的基础上，洪武二十六年规定：“六部五品以下官，太常司、光禄司、通政司、大理寺、国子监、太仆寺、钦天监、翰林院、太医院、仪礼司属官，历任三年，听于本衙门正官察其行能，验其勤惰，从公考核明白，开写称职、平常、不称职词语，送监察御史覆考。其在京军职文官俱从监察御史考核，各以九年通考。”[30]

起初，行人“从本衙门将行过事迹并应有过犯，备细开写”，送吏部考核。至万历初又规定：“行人仍以三年为满，从本司正官考核，呈送礼部，转送吏部咨都察院行河南道考核，牒回复考。”[31]

此外，弘治三年（1490）题准：“凡兵马司官考满，先赴兵部考核，咨送吏部，行河南道考核，牒回复考。”[32]

在外司府州县官，洪武元年（1368），“令各处府、州、县官以任内户口增、田野辟为上，所行事迹从监察御史、按察司考核明白，开坐实迹申闻，以凭黜陟”。洪武二十六年（1393）规定：“按察司首领官从监察御史考核。”弘治时期，又令布政司“首领等官从河南道考核，（吏部考）功司复考”。[33]

洪武十九年（1386）二月题准：“在外军职首领官从本衙门正官

考核”，三年一考，九年任满，给由监察御史及吏部通考黜陟。[34]

永乐八年（1410）奏准：北京、辽东、山西、甘肃等处苑马寺主簿从本寺考，仍送都察院河南道考核，吏部复考。[35]

以上所述，可以看出两个问题：一、监察御史所考核官员多为在京在外衙门属官（有些包含首领官），其方式有直接考核和复考两种。二、洪武间所作规定，多作“送监察御史复考”“从监察御史考核”“从监察御史复考”。永乐后，皆言河南道。《明史》卷七十三《职官志二》及孙承泽《春明梦余录》卷四十八《都察院》皆言“河南道独专诸内外考察”。其实，河南道专考察，在永乐以后符合实际情况，当无疑义。而洪武间监察御史考察百官，河南道未必独专。

除考满考核外，京察、朝觐考察等官员考察活动，御史皆得纠劾拾遗。《大明会典》卷二〇九言：“凡京官五品以下六年一次考察及四品以上自陈有遗漏者，科道纠举”“凡天下诸司官三年朝觐，除考察黜退外，其存留官员公事未完等项，大班露章面劾”。[36]考察拾遗，监察御史的纠劾对象，主要是在京四品以上大臣及在外方面府正官员。

2. 问理刑名

十三道监察御史负责司法事务，各理本布政司、该布政司所辖境内王府衙门、各都司、行都司、行太仆寺、苑马寺、盐运、市舶、宣慰长官等司刑名等事。除外，带管内府监局、在京各衙门、直隶府州卫所刑名。[37]

洪武二十六年（1393）规定：“凡鼓下或通政司发下告人，连状到院，责令供状明白”，“照出状内被告人数、入流官员具呈本院奏闻提取。其军民人等，给批差人提取，对理招供明白。”议拟罪名、作出判决后，送大理寺审录。若所拟罪名不当，即被驳回，再问改拟。“或有番异”，则“调别衙门再问”。绞斩死罪，待大理寺复奏回报后，会刑部等官处决。[38]

正统四年（1439）规定，各道须将每月所问理的轻重罪囚的数目，写明已经判决发落或未结案的情况呈具本院，“转具揭贴开报刑科查照”。[39]

问理刑名，是十三道监察御史职守的一个很重要方面。宣德、正统间御史考选制度未形成以前，御史多以不通刑名、不谙法律而受罢黜。考选制度本身，就包含着问刑考核、理刑试职的内容，这些在本章第一节御史的选拔任用中已作论述。但御史职司风纪，为明王朝耳目之寄，所以，理刑虽然重要，却非御史职守的本质内容。成化十五年（1479），大理寺右寺副周茂奏言大理寺评事职专刑名，“三年秩满，可免其试职理刑，径改御史”。这个建议由于违背御史选任制度与御史职司风宪之本意，周茂因此受到十三道监察御史的弹劾和明宪宗的责斥。[40]

注释：

[1] 王圻：《续文献通考》卷八九，《职官考》引何孟春语。

[2]《诸司职掌·都察院》，玄览堂丛书本。

[3]《明太祖实录》卷七九，洪武六年二月壬寅条。

[4]《明太祖实录》卷一一六，洪武十年十二月癸酉条。

[5]《明太祖实录》卷一六七，洪武十七年闰十月乙巳条。

[6][7] 万历《大明会典》卷二〇九，《都察院·纠劾官邪》。

[8]《明太祖实录》卷三四，洪武元年八月甲午条。

[9]《明太祖实录》卷一六五，洪武十七年九月丙辰条。

[10]《明宣宗实录》卷二七，宣德二年四月甲子条。《明史》卷一五九《熊概传》。

[11]《明太祖实录》卷五三，洪武三年六月甲子条。

[12]《明太祖实录》卷二〇八，洪武二十四年四月辛未条。

[13]《诸司职掌·都察院》。

[14] 万历《大明会典》卷二一一，《都察院三·监礼纠仪》。

[15]《明太宗实录》卷一九，永乐元年四月癸酉条。

[16]《明武宗实录》卷八，弘治十八年十二月乙亥条。

[17]《春秋左氏传·隐公十一年》。

[18]《资治通鉴》卷一，周威烈王二十三年。

[19]《资治通鉴》卷一一，汉高帝七年。

[20]《明太祖实录》卷一六二，洪武十七年六月庚午条。

[21]《诸司职掌·都察院》。

[22]《明史纪事本末》卷一四，《开国规模》。《明史》卷一三九，《叶伯巨传》及传赞。

[23]《明太祖实录》卷二三九，洪武二十八年六月己丑条。

[24]《续文献通考》卷八九，《职官考》。

[25]《明史》卷七三，《职官志二》。

[26]《大明会典》卷二〇九，《都察院·风宪总例》。

[27]《廿二史劄记》卷三五，《明言路习气先后不同》。查《明史·邹缉等传赞》其意同，文字上略异。

[28] 何孟春：《余冬序录》(卷六外篇)。

[29]《续文献通考》卷八九，《职官考》引何孟春语。

[30][31][32][33][35] 万历《大明会典》卷一二，《吏部十一》。

[34]《明太祖实录》卷一七七，洪武十九年二月戊申条。

[36] 万历《大明会典》卷二〇九，《都察院一・考核百官》。

[37] 如浙江道带管中军都督府、府军左卫、金吾左卫、和阳卫、应天卫、六安卫、茂陵卫、广洋卫、金吾右卫、武功中卫、直隶庐州府、牧马千户所、留守中卫、神策卫、金吾前卫、武功后卫、庐州卫等。河南道带管司礼监、尚宝司、中书舍人、礼部、都察院、翰林院、国子监等衙门，彭城卫、羽林左卫等卫所。

[38]《诸司职掌・都察院》。

[39] 万历《大明会典》卷二一一，《都察院三・问拟刑名》。

[40]《明宪宗实录》卷一九〇，成化十五年五月癸亥条。

第三节　御史的差遣

十三道监察御史除守道履职外，还常被差出巡按、照刷文卷、追问公事、审录罪囚及监督、办理某项专门事务。御史的差派分大差、中差和小差三等。“两京畿道、提学道，巡按顺天、真定、应天、苏松、淮扬、浙江、湖广、江西、福建、河南、陕西、山东、山西、四川、云南、广西、广东、贵州等处御史及巡视京营，俱大差；辽东、宣大、甘肃三处巡按御史及清军、印马、屯田、巡盐、巡仓、巡关、攒运、巡茶御史，俱中差；印马、屯田并作一差，三年满后，准一大差”。巡视光禄，初为小差，后改中差。“巡视皇城四门、马房、巡青、十库、芦沟桥、五城等处御史，俱小差”。[1]

一、点差御史的一般原则

正统四年（1439）规定，凡差派御史分巡并追问审理等事，“都察院具事目请旨点差，回京之日，不须经由本院，径赴御前复奏”。[2]

御史差派，多属军政重务，主要依据宪纲及诏敕所作规定。都、布、按三司“不能完结或完报未明”的事情，若待御史办理，“明白具奏，取自上裁。其余常事，各衙门自行分管办理者，不许辄拟奏差委”。[3]

御史点差，尤其是派大差、中差，对资历有相应要求。“凡中差已完、大差未满、事故复除者，或原未中差即差大差，已满回道者，及原未中差即差大差，未满、事故复除者，并已考实授未差事故复除、果系同资中差差尽者，俱序在应候大差之列。若试职未考实授、事故复除者，与同考实授序论，仍差中差。俱以回道复除命下之日为序”。[4]

御史出差期限。万历二年（1574）令，“题差本内，明开各地方原定限期，责令依限交代”。御史出差，不许枉道回家，迁延误事。“满日仍查有无违限，一并考核，堂上官如徇情畏庇，亦以不职论”。万历三年（1575），“奏定期限”。如真定、宣大三十五日，甘肃八十五日，四川一百四十五日，辽东六十六日等，令出差御史“往回一体遵守，以辞朝交代之日为始。如违限十日以上，量行参罚；一月以上，重加参罚；两月以上，参调别用”。[5]

此外，点差御史，从地域上有所考虑或照顾。“凡北人，如北直隶、山东、山西、陕西、河南，不差两广、云、贵；南人如福建、广东、广西、云南、贵州，不差三边”。[6]

二、各差概述

十三道监察御史的差派，名目繁多，为便于说明，本文将其归为综合、政治、经济、文化教育、军事、法律、杂差等七类。

（一）综合类

1. 巡按

明王朝派遣御史巡按，“代天子巡狩”。这种制度为明代所创。本书立专章讨论。

2. 照刷文卷

洪武初年，内外百司卷宗，“悉听监察御史、按察司检举”。[7]更置都察院以后，分监察御史为十二道，分吏、户、礼、兵、刑、工六房分刷文卷。[8]衙门各有分属。

正统四年（1439），规定“凡在京大小有印信衙门，并直隶卫所、府州县等衙门，在外各都司、布政司、按察司文卷，除干碍军机重事不刷外，其余卷宗从监察御史每岁一次或二岁、三岁一次照刷”。嘉靖以后，南北直隶及各布政司刷卷，间命巡按御史兼理。[9]

所刷卷宗，依据具体情况，批以照过、通照、稽迟、失错、埋没等名。卷内事无违枉，事务全部完结，批以照过；事已施行尚未完结，无违枉，批以通照；事已行，可完而不完，批以稽迟；事已行已完虽有违枉而无规避，批以失错；“若事当行不行，当举不举，有所规避，如钱粮不追，人赃不照之类，则批以埋没”。文卷内有其他错误如文案不立、月日颠倒等情况，推究得实，随情拟罪。[10]

明政府规定，监察御史照刷文卷，务要尽心从公办理。如有狱讼淹滞、刑名违错、埋没钱粮、赋役不均等重事，依律究问。“迟者举行，错者改正，合追理者即与追理，务要明白立案，催督结绝”。若不能尽职，都察院堂上官体察奏闻究治。[11]

若遇地方灾伤、用兵等情况，可暂停刷卷。如成化十六年（1480）年初，都察院奏称：“内外诸司例应今岁差官刷卷。但今灾伤处多，而山西、陕西又见用兵，辽东边患才息，宜只刷贵州、两广、直隶苏松等府并南北两京诸司。”明宪宗批准了这一建议，命停浙江等处刷卷，候半年举行。[12] 至嘉靖二十八年（1549），规定“遇地方灾伤，奏请停刷，通候六年总刷”。[13]

（二）政治类

1. 巡茶马

茶马御史，成化以前不专设，明政府常“岁遣行人等官巡视”，[14] 偶有差派御史的情况。如永乐十三年（1415），差御史三员巡督陕西洮州、河州、西宁三处茶马司，收贮官茶，易换番马。[15]

成化三年（1467），奏准每年定差御史一员往陕西巡茶。[16] 以后虽有取回御史之例，差行人或令马政都御史兼理，但御史巡视茶马，基本上作为制度被规定下来。[17]

唐宋以来，茶马贸易是封建王朝统治少数民族的一项重要政策，明代也如此。这项政策带有明显的政治色彩。洪武二十五年（1392）二月，明太祖遣太监而聂、庆童，奉敕往谕陕西河州等卫所属番族，“令其输马，以茶给之”。他们到河州后，召谕必里等诸番族，“诸族皆感恩意，争出马以献，于是得马万三千四十余匹，以茶三十余万斤给之，诸族大悦”。[18] 如此，明王朝达到了“彼得茶而常怀向顺，我得马而益壮边戎”[19] 的政治目的。对茶马贸易的实质，嘉靖二年（1523）二月户部奏疏讲得很清楚：“国家令番夷纳马，酬之以茶，名曰差发，非中国果无良马而欲市之番夷也，亦以番夷中国藩篱，故以是而羁縻之耳。”[20] 因此，本文将巡茶马归入御史差遣的政治类。

茶马御史是在明中叶私贩盛行、茶禁日弛，“而召商报中之弊复有以坏”[21] 茶政的情况下派遣的。他们的任务是督理茶马，禁缉私贩，维护正常的茶马贸易。如成化十四年（1478），差御史巡视茶马，所奉敕中规定专理茶马，提督都、布、按三司并守备、把隘等官，“不许官豪势要及军民之家兴贩私茶，潜入番境交易”。[22] 弘治十五年（1502）十二月，“户、兵二部复议监察御史王诏所奏禁商茶以通番马事”，议请“停开中之例，严私贩之禁，仍以民间所纳并巡获私茶与番马及时互市”，明孝宗批准了这个建议，令“所差御史务用心巡理，足先年之数。此后勿再召商中茶”。[23] 嘉靖二年（1523）

三月，户部也奏请责令巡茶御史严禁私茶。[24]

茶马御史除专理茶马外，有时还依敕兼理其他事务。正德元年（1506），从当时陕西总制兼督理马政都御史杨一清所请，令巡茶御史兼理陕西马政。[25]

2. 巡视皇城

起初，“凡皇城四门官军，轮差掌道御史一员同给事中查点”。[26]宣德三年（1428）十一月，命差御史一员，巡察皇城四门。当时“四门官军玩法怠弛，凡官吏工匠无关防牌者，恣其出入不问。民间有进纳内府财物者，故生事留难，必得贿赂乃得入”。事闻，明宣宗令常以御史一员往来巡察，禁革奸弊，且“著为令”。[27]弘治元年，令一年一换。[28]

3. 巡视五城

明代，巡视五城御史参理畿辅之政，[29]职司广，影响大。万历年间，左都御史孙丕扬《内台定规疏》中说：“禁止科敛诈骗，裁抑豪横奸顽，安恤孤独良善，惩创奢侈游戏，举劾兵马司善恶”，皆为巡视五城御史之职。[30]天启初，巡视南城湖广道监察御史方震孺指出：“五府六部，环集于辇下，民无所知，知有巡城御史而已；侯王保傅，赫弈于长安，民无所畏，畏巡城御史而已。细而儿女小忿之争，俗而米盐琐屑之事，非质之御史不了也；暂而徒步之相搏，久而毕世之深仇，非质之御史不平也；甚至覆雨翻云之奸，布地遮天之手，非御史不能摘而发其覆也；豪珰巨族，炙手熏天，可以一语折服之无敢哗；依城凭社，深根固蒂，可以寸檄招致之无敢拒。”[31]方震孺所言，虽难免有夸张成分，但巡城御史之任重无可质疑。

然而，巡视五城御史的职权，并非从一开始就如此广泛，其中有一个发展和积累的过程。正统年间规定，“凡事有奸弊，听其依法受理送问”。成化间奏准，“禁约赌博，缉捕盗贼，坐铺火夫，究问优免”。“查问九门官吏多勒客财物”、参奏拿问不行用心缉捕的官兵人等则为弘治时期奏准事例。“访察参奏打点馈送”等项，则为嘉靖时所作规定。[32] 凡此等等不一而足。

值得指出的是，巡视五城御史职权虽重，但为小差，多以试职未实授者充任，且“月易季易”不得专任。故孙丕扬认为“专责成便，御史必用实授，替差必札一年，宪度必期力举”。明神宗批准了他的建议，命“著为定规”。[33]

（三）经济类

此类包括巡盐、巡河、攒运、巡仓、巡光禄、巡库等项。在此，仅将其中主要的三项加以说明。

1. 巡盐

洪武四年（1371）九月，明政府即分遣监察御史往山东、河南、北平等府州，核实盐课逋负的数额。[34] 永乐十四年（1416），正式派遣御史巡盐。

宣德十年（1435），从户部奏请，“差御史一员于直隶扬州府、通州狼山镇，提督军卫巡司官旗弓兵人等，巡捕禁革私盐”。[35] 当时“军卫势豪之家，纵容厮役，阻坏盐法，私出兴贩，辄数百艘，挟持兵器，所至劫掠，巡司官兵莫敢谁何”，由此造成“两淮盐价低贱，客商中纳者少”、盐政日坏的严重局面。所以，巡盐御史肩负整理盐法、禁革奸弊的重任，明政府命巡盐御史“照淮阳巡按例，岁一更代”。[36] 正统三年（1438），令两淮、两浙、长芦岁差一员巡盐御史，“巡视禁约，催督盐课”。[37]

成化以前，河东盐法由巡按、分巡官兼理。至成化三年（1467），始差御史巡视。当时户部郎中文志贞奏：“解州盐池垣堑多废，巡按分巡官不以时临视，故人得私取，官盐阻坏，客商少中，无以济边用之急，请岁遣御史一人往彼禁治，并修城垣。”[38] 经户部议请，遂差御史巡视河东运司并陕西灵州大小二池盐课，且令其节制陕西所属关内、关南、关西、河西等道，河南所属河北、汝南、河南等道带管盐法分巡官。[39]

除专理盐法外，巡盐御史还兼理他务。成化八年（1472），命两淮、长芦巡盐御史带管南北河道，“提督所属军卫有司，时加疏浚修筑，禁治豪强，革除奸弊，及督收钱钞，点视驿站，缉捕盗贼，盘点马船等项”。[40] 嘉靖四十五年（1566），命巡盐御史兼治苏松水利。[41]

有些地区，盐法由巡按御史兼理。嘉靖三十年（1551），令云南巡按御史兼理本省盐法。此后，陆续令福建、四川、广东等处巡按御史兼理。[42]

2. 攒运

隆庆元年（1567）正月，从给事中何鸣奏请，[43] 差监察御史一员，前往浙江、南直隶苏、松、常、镇四府，“监兑粮米，催攒运船，兼理济宁以南一带河道”。三年（1569）停差，“仍令户部司官监兑”。五年（1571），因“粮运迟误，漂失数多”，复差攒运御史一员，同户部郎中一员共同办理催攒事务。到万历六年（1578），罢户部催攒郎中，由攒运御史专理。[44]

3. 巡视光禄寺

巡视光禄御史，负责核察光禄寺食料出入，纠禁需索骚扰等不法行为。宣德间，与给事中共理其事。正统二年（1437），令同户部主事监收钱粮。嘉靖三十七年（1558），令“查刷大官等四署一切供应各项品物”。隆庆元年（1567），令巡视御史监管查刷、季冬更替。至万历初年，改小差为中差，岁满更替。[45]

（四）军事类

此类差遣，包含巡视京营、清军、印马、屯田、巡关、巡青等项。在这里仅把巡视京营、清军、屯田三项加以概述。

1. 巡视京营

天顺年间，差御史一员同给事中一员，巡察各营上操军士。差派的原则，是“有风力、肯任事”，不许论资挨次差委。[46]后来，又令巡视御史察禁各营奸弊，“凡有私役卖放及不行如法操练等项，指实劾奏”。[47]嘉靖七年（1528），从御史王重贤奏请，令巡视京营御史“宜以一年为期，勿兼他事”，且“假玺书以重其权”。[48]

2. 清军

清军御史的职责，是分巡卫所、清理军伍、整饬点视官军。有时还兼理他事，如照刷文卷等。明王朝派遣御史清军，是在军士逃亡日趋增多、军备日渐荒废的情况下进行的。如宣德十年（1435）五月，明英宗在对行在兵部的谕告中指出：“迩者总兵镇守官率因循怠惰，以致军伍空缺，边备废弛，一旦有警，岂不误事?”遂命监察御史郭原等七人分赴各边。[49]弘治六年（1493）二月，兵部主事欧钲上言军政六事，其“清军伍”一项指出：“祖宗开国之初，每卫设军不下三四千人。百余年来，逃亡过半，皆因簿籍无稽，吏缘为奸，姓名乡贯俱不可考，宜令清军监察御史逐一查明，别造新册。”[50]

清军监察御史的派遣，通常规模很大，分布广泛。宣德二年

(1427),派遣十四员。正统五年(1440),差御史十七人,赴浙江等布政司并直隶、保定等府州清军。[51] 成化十一年(1475)三月,命监察御史胡敬等十一人,分往各布政司清理军伍。[52]

御史清军年限因时而异。正统五年(1440),令每年八月终,"具清解过军数回京具奏"。天顺二年(1458),奏准以三年为限,期满"赴京查考更替"。嘉靖二十九年(1550),定以五年一次差遣。[53]

3. 屯田

屯田御史,职司整理屯政,查核屯田子粒。建文四年(1402),差御史于直隶查收屯田税粮,各布政司责之巡按御史、按察司掌印官。[54] 至正统年间,多由按察司官督理。如正统六年(1441),添设贵州按察司副使一员提督屯田。正统十一年(1446),添设山东按察司佥事一员提督北直隶屯田。正德三年(1508),规定每岁选差御史一员,"请敕督理北京并直隶卫所屯种,比较子粒,禁革奸弊,年终更替"。[55] 嘉靖八年(1529),从户部尚书梁材奏请,置畿辅屯田御史。当时梁材指出:"京师畿辅屯政日弛,盖由佥事权力不重,皇亲勋戚阻挠百出,势难管理。自今请裁佥事,仍专差御史。"[56] 可见,嘉靖间复置屯田御史的主要目的是整顿日渐废弛的屯政。嘉靖三十九年(1560),差御史二员,一往山西、宣大等处,一往陕西、甘肃等处查理屯田事务。[57]

从嘉靖八年(1529)始,屯田御史三年更代,准作大差。[58]

(五)文化教育类

1. 提学

正统元年(1436),差监察御史二员提调南北直隶学校。[59] 之后,派员逐渐增多,分布地区也日趋扩大。关于提学御史的职掌,天顺六年（1462）正月，明英宗敕谕天下提督学校监察御史陈政等人时讲得很清楚，即巡视学校，整理学政，禁革奸弊，督率师生“崇正学，迪正道，革浮靡之习，振笃实之风”，从而做到人才“储养有素而待用不乏”。同时还规定，提学御史专督学校，不理刑名。“所过之处，遇有军民利病及不才官吏贪酷害人、事干奏请者，从实奏闻”，地方有司及巡按御史不得侵其职事。[60] 至嘉靖十一年（1532）十二月，从都御史王应鹏奏请，规定提学御史“进退人才奉有专敕，抚按官毋得干预。其师生廪馔及修理学校等项，提学御史只是督行有司转申抚按施行，不得行文擅支及挪移仓库钱粮”。[61]

2. 监试

洪武十七年（1384），颁行科举成式，规定差监察御史两员为监试官，负责监察在京乡、会试（在外乡试按察司官监试，后由巡按御史兼管）。[62] 隆庆元年（1567），“添委二员搜检”。凡武举，“差监察御史两员监试”。此外，御史监试，若有亲属应举的情况，应奏请回避。[63]

御史监试，多为临时指派，存在着一定问题。嘉靖四十五年（1566）闰十月，浙江道御史李辅疏陈酌议宪条四事，其中“改监临以公选举”，谈到“各省每举皆称至公。而两畿额年浮言籍甚，盖由各省按臣威令素行，关防颇密，而两畿御史皆临场差遣，卒不及防，故奸人得以乘隙”。他建议两京从各布政司事例，“凡礼聘分考及取用供事官员悉听巡按御史裁定”。对他的建议，明政府以“两京题差监试系旧制难改”，未准，但规定“于先期二十日前题请密令入院以便综理关防”。[64]

（六）法律类

1. 追问公事

追问公事，是指委派监察御史出巡，纠正冤假错案，伸冤理枉，追问不公不法之事。《诸司职掌》规定："凡在外军民人等赴京，或击登闻鼓、或通政司投状陈告，一应不公冤枉等事，钦差监察御史出巡追问"，情形轻者，"除无招笞杖轻罪，就彼摘断"；情节重者，"徒流死罪，连人卷带回审拟奏闻发落"。[65]

正统四年（1439），规定了有关注意事项。一、监察御史追问公事，如有嫌仇之人，应陈说回避，不许怀私按问。二、追问各衙门官员取受不公刑名等事，军官、京官和勋旧之臣及在外五品以上文职官员，要"具奏请旨，方许追问"；其余六品以下取问明白、从公决断后奏闻；若系奉特旨委问，"须将始终缘由议罪回奏，取自上裁"。三、有告争钱粮、斗讼、户婚田土等民事纠纷，责令各本管衙门从公从速理断，如有理断不公或冤抑不理的情况，即受理追问。[66]

有一点应当说明，在巡按监察御史没有广泛派遣以前，凡有冤抑，即差御史出巡追问。巡按制度形成以后，追问公事的责任，则主要由巡按御史承担。

2. 审录罪囚

为了"革天下刑狱壅蔽之弊"，洪武十四年（1381）十月，朱元璋遣监察御史分往各处审决狱囚，令罪重者悉送京师。[67]洪武十六年（1383），又遣御史往浙江等处录囚。[68]二十四年（1391），差监察御史并刑部官清审天下狱讼。[69]洪武二十六年（1393）规定：在外三司并直隶府州刑名，死罪重囚须申达合干上司详议允当，移文都察院具奏点差监察御史，同刑部委官按临审决，若"果无出入及审取犯人服辩无异”，即令处决正法，具奏以闻。如有冤枉情弊，从公重加理断，并将受赃出入人罪的原问官吏，具奏拿问。[70]

永乐元年（1403），令各布政司死罪重囚至百人以上者，差御史审决。宣德、正统以后，直隶及各布政司罪囚，多令巡按御史会同刑部委官或地方有司会官审录发落。[71]

在京重囚，三法司会审。嘉靖四十五年（1566），令河南道掌道御史参预五年大审狱囚。[72]

（七）杂差类

除上述各类差遣以外，十三道监察御史还被差出存恤军士（恤军御史）、巡捕盗贼（捕盗御史）、查盘钱粮（盘粮御史）、监军纪功（监军御史）、督理粮饷（督饷御史）等，皆因事特设，事毕复命。如督饷御史就是在明末辽东战事中，出于查核、监督粮饷的起解、转运、支销的需要而临时设置的。[73]它们与上述各类御史的差派，在一定程度上皆显示出制度化、固定化的特点不同，故称之为杂差。

三、各差的共同性及明王朝差遣御史的实质

在对各差御史进行具体论说之后，我们可以看到，尽管各差设置的时间有先后，更代期限或长或短，又有制度化差遣和因事而设之分，但有两点是共同的。第一，各差在其特定的职司范畴内，享有纠劾不法、禁革奸弊等监察、言事和实际事务的处理权，它和守道御史之常职从本质上来说是一致的。第二，各差御史皆有钦差的特点，在执行处理具体事务中，享有绝对特权，百官有司不得干预。

明王朝差派御史，从其所负责事务的内容看，包括政治、经济、

军事、法律、思想文化等社会各个方面；从他们分布的地区看，从京师、直隶到各布政使司，从繁华的都市到僻远的乡镇，明王朝势力所能达到的地方，皆有监察御史的足迹。耳目处处置，钦差满天飞。如此，在全国天罗地网般地布下了一个巨大的监察网，把一切都置于监察御史的监督控制之下，把许多方面的事权收归中央。这就是明王朝差派监察御史的实质，它是明代极端专制主义中央集权制度的具体表现形式之一。

注释：

[1][2][3][4][5][6] 万历《大明会典》卷二一〇，《都察院二・奏请点差》。

[7] 参见《明太祖实录》卷九二，洪武七年八月辛丑条刑部侍郎茹太素奏言三事第一事。

[8] 参见《诸司职掌・都察院》。

[9][10][11][13] 万历《大明会典》卷二一〇，《都察院二・照刷文卷》。

[12]《明宪宗实录》卷二〇〇，成化十六年二月壬申条。

[14]《明孝宗实录》卷一九四，弘治十五年十二月庚子条。

[15][16] 万历《大明会典》卷二一〇，《都察院二・奏请点差》。

[17] 参见《大明会典》卷二一〇，孙承泽《春明梦余录》卷四八，《都察院》。

[18] 王世贞：《弇山堂别集》卷九〇，《中考官一》。

[19]《皇明马政记》卷一二，《陕西三茶马司》，引《九边志》玄览堂丛书本。

[20][24]《明世宗实录》卷二四，嘉靖二年三月辛未条。

[21][23]《明孝宗实录》卷一九四，弘治十五年十二月庚子条。

[22][26] 万历《大明会典》卷二一〇，《都察院二・奏请点差》。

[25] 孙承泽：《天府广记》卷二三，《都察院・各差》。

[27]《明宣宗实录》卷四八，宣德三年十一月戊辰条。

[28] 万历《大明会典》卷二一〇，《都察院二・奏请点差》。

[29][31] 孙承泽：《春明梦余录》卷四八，《都察院》载方震孺疏。

[30]《春明梦余录》卷四八，《都察院》载左都御史孙丕扬内台定规疏。

[32] 参见万历《大明会典》卷二一〇，《都察院二・奏请点差》及孙承泽《春明梦余录》卷四八，《都察院》载左都御史孙丕扬内台定规疏。

[33] 同前引孙丕扬疏。

[34]《明太祖实录》卷六八，洪武四年九月丙辰条。

[35][37][39] 万历《大明会典》卷二一〇，《都察院二・奏请点差》。

[36][38] 孙承泽：《天府广记》卷二三，《都察院・各差》。

[40][42][44] 万历《大明会典》卷二一〇，《都察院二・奏请点差》。

[41][43]《天府广记》卷二三，《都察院・各差》。

[45][47] 万历《大明会典》卷二一〇，《都察院二・奏请点差》。

[46][49]《天府广记》卷二三，《都察院・各差》。

[48]《明世宗实录》卷八四，嘉靖七年正月辛卯条。

[50]《明孝宗实录》卷七二，弘治六年二月己酉条。

[51][53] 万历《大明会典》卷二一〇，《都察院二・奏请点差》。

[52]《明宪宗实录》卷一三九，成化十一年三月戊辰条。

[54]《续文献通考》卷一四，《田赋考・屯田上》。

[55]《续文献通考》卷一五，《田赋考・屯田下》。

[56]《天府广记》卷二三,《都察院·各差》。

[57][58][59] 万历《大明会典》卷二一〇,《都察院·奏请点差》。

[60]《明英宗实录》卷三三六，天顺六年正月庚戌条。

[61]《明世宗实录》卷一四五，嘉靖十一年十二月甲戌条。

[62]《续文献通考》卷四五,《选举考·举士三》。

[63] 万历《大明会典》卷二一〇,《都察院二·奏请点差》。

[64]《明世宗实录》卷五六四，嘉靖四十五年闰十月甲戌条。

[65]《诸司职掌·都察院》。

[66][69][70][71][72] 万历《大明会典》卷二一一,《都察院三·追问公事、审录罪囚》。

[67]《明太祖实录》卷一三九，洪武十四年十月癸亥条。

[68]《明太祖实录》卷一五五，洪武十六年七月辛亥条。

[73]《明熹宗实录》卷三二，天启三年三月丁未条。

第四节　十三道监察御史的地位和作用（上）

本章第二、三节阐述了监察御史的职掌，基本上是从明政府的有关规定所作的理论性的静态考察。事实上，在活生生的现实生活中，十三道监察御史的活动，包含着具体的、生动的而又十分丰富的内容。在明代历史的发展演进过程中，他们扮演着不同的角色，产生着程度不同的影响。本节结合明代社会历史的大环境，对十三道监察御史的地位和作用，作一具体地历史地论说。

有明一代，十三道监察御史一直作为重要角色，活跃在明代历史的大舞台上。可以说，明代社会的各个领域，都深深地打下了他们的烙印。一方面，他们的活动受着时代环境的制约；另一方面，监察御史又用自己的力量对社会变革施加影响。因此，监察御史角色的演变，与明王朝的兴衰变化若合符节。

许大龄先生通过对明代社会政治、经济、思想文化等方面深入系统地考察，将明代历史划分为四个时期：开创期（从太祖开国到英宗正统年间）、腐化期（从正统末年到正德末年）、整顿期（从明世宗登基至神宗万历初年）、衰敝期（从万历中期到崇祯末年），[1] 精辟地指出了明代历史发展的特征，客观地揭示了明代历史演进的规律。本节将依照许大龄先生的“四分法”，展开对十三道监察御史在各个历史时期地位和作用的论述。

一、开创期基本情况

从明王朝的建立到英宗正统年间，是明王朝的开创期。朱元璋立法创制，规定了监察御史的服务方向和行为准则，从而确立了监察御史在国家和社会中的地位。作为明政府耳目风纪官员，监察御史对明初专制主义中央集权制度的建立和完善，对明初社会的安定和发展，对维护正常的统治秩序，做出了重要贡献。

1. 风宪官员服务方向和行为准则

明初，新政权刚刚建立，一切革创，百废待举，集权、求治成为朱元璋一切举措和全部政策的两个最根本的出发点。对风宪官员服务方向的规定也是如此。

关于设置风宪官员的意旨，明太祖朱元璋常常谈及。兹以《明实录》的记载为据，择几处较集中的申述，罗列于后：

吴元年（1367）十月，置御史台，朱元璋谕告新任命的御史台官员说："国家新立，惟三大府总天下之政。中书政之本，都督府掌军旅，御史台纠察百司，朝廷纪纲，尽系于此。而台察之任实为清要。卿等当思正己以率下，忠勤以事上。盖己不正则不能正人，是故治人者必先自治，则人有所瞻仰。毋徒拥虚位而漫不可否，毋委靡因循以纵奸长恶，毋假公济私以伤人害物。"[2]

洪武二年（1369）七月，巡按松江监察御史谢恕"以欺隐官租逮系一百九十余人至京师，多有称冤者"。事情查实后，朱元璋责斥谢恕："御史，耳目之官，当与民辨是非，明曲直。不使冤抑，方为称职。今尔为御史，不能为民伸冤理枉，反陷民于无辜，朝廷耳目，将何赖邪！"[3]

洪武三年（1370）正月，谕告御史台及各道按察司官："风宪之任，本以折奸邪，理冤抑，纠正庶事，肃清纪纲，以正朝廷。……今卿等司风纪，当以大公至正为心，扬善遏恶，辨别邪正，不可循习故常，挟公以济私。苟或如此，不惟负朕委任，亦且失其职守矣。”[4]

洪武四年（1371）闰三月，以兵部尚书刘贞为治书侍御史，谕曰：“台宪之官，不专纠察，朝廷政事，或有遗缺，皆得言之。人君日理万机，听断之际，岂能一一尽善。若臣下阿谀顺旨，不肯匡正，则贻患无穷。”[5]

洪武十六年（1383）八月，朱元璋谕佥都御史詹徽等人：“民之休戚，系于牧民者之贤否。咨询得失，激浊扬清，则系于风纪之职。……其令御史及按察司官巡历郡县，凡官吏之贤否，政事之得失，风俗之美恶，军民之利病，悉宜究心，若徇私背公，矫直沽名，妄兴大狱，苛察琐细，遗奸不擒，见善不举，皆为失职。”[6]

观察分析上述材料，可以得知，明太祖朱元璋为风宪官员规定了明确的职分职能：一是监督纠劾百官有司和黎民百姓，维护皇权，充当耳目。二是督率各级官吏奉公守法，维护封建政治体制的正常运行。三是规谏拾遗，献替可否。四是雪理冤抑，惩贪去暴，扶植良善，维护社会的安定和发展。

为了确保这种职分职能和宗旨的贯彻执行，在上述材料中，我们同时可以看到，朱元璋也为风宪官员规定了几条行为准则。一是敢于纠弹，反对萎靡不振，因循苟且。二是严于自治，慎于审视检查自己，正己以正人。三是持法公平，严禁挟公济私。朱元璋对元末风宪官员渎职枉法的行为深恶痛绝。他说：“元末台宪，每假公法、挟私愤以相倾排，今日彼倾此之亲戚，明日此陷彼之故旧，譬犹蛇蝎自相毒螫，卒致败亡而后已。如此，则何以为台谏也。”[7]所以，立国伊始，朱元璋就要求风宪官员存心公正，切不可假国家之委任以擅作威福。四是直言敢谏，反对阿谀奉承、不肯匡正。

2. 开创期监察御史的主要活动

这一时期，十三道监察御史基本上遵循朱元璋为风宪官员规定的服务方向和行为准则展开活动。归结起来，主要表现为如下几个方面：

第一，在明初政治斗争中维护皇权。

明初，社会矛盾错综复杂，政治斗争接连不断。统治阶级内部矛盾一直是主要矛盾，上层君权与相权，皇帝与勋臣，皇帝与宗室之间的斗争，表现得尤为突出和尖锐。在政治权力的争夺、角逐过程中，监察御史始终不渝地站在皇帝一边，为捍卫皇权而斗争。

洪武时期，朱元璋为加强中央集权，大兴党狱，在严酷而激烈的政治斗争面前，监察御史承望风旨，充当了专制皇帝的鹰犬。洪武二十三年（1390），时距胡惟庸被诛已逾十个年头，监察御史又交章劾奏太师韩国公李善长“位极人臣”，“尸位素餐”，知谋逆而不举发，狐疑观望，首鼠两端，大逆不道，随后又“复请按问”。[8] 结果李善长自缢，被株连者不可胜数。如此，监察御史为明太祖恣肆诛戮提供口实，成为首发难者。

靖难之役期间及燕王夺位之后，监察御史大都站在建文帝一边，不畏险难，置身家性命于度外，或效命疆场，如王度“劳军徐州”，“悉心赞画”。[9] 王彬“驻杨州”，与镇抚崇刚布置防务，“婴城坚守”“昼夜不懈”；[10] 或在壬午之难中从容就戮，不移志节，如高翔、谢升、丁志方、甘霖等皆不屈而死，以身殉主。[11]

宣德元年（1426），汉王朱高煦起兵叛乱，御史李浚闻其事，便“弃其家，变姓名，间道诣京上变”。[12] 明宣宗亲征，监察御史于谦扈跸随从，朱高煦出降后，又奉命历数其罪，其言“正大剀切，高煦俯首战怵”。[13]

上述两种情况，功罪各异，但对明代社会产生的影响都是深远的，其方向是同一的。

第二，出谋划策，提出建设性意见，为明代各领域相关制度的建立与完善竭忠尽智。

监察御史积极参预明初社会变革，具有很高的政治热情，所以常常能提出一些建设性的意见。洪武三年（1370）六月，监察御史郑沂言：“京师为天下根本，四方之所瞻仰。爵位之设，当使内尊而外卑，内重而外轻，所以隆国势以安天下也。今南京、北京知府与外散府知府同称，甚失内外之统，宜改应天府为南京尹，则国体尊而爵位当矣。人命至重，古人所矜。各府宜设推官一员，专掌刑名，不预他政，庶责有所归而人无冤抑。”[14]洪武帝采纳了他的建议，始定府尹体制并始设推官。[15]《明史·职官志》也说：“洪武三年改应天府知府为府尹，秩正三品”，[16]而在外散府知府秩为正四品。

洪武十七年（1384）七月，监察御史唐铎上疏，指陈“致治在于任官，任官在于得贤。宜选德行廉能京官遍历郡县，访求贤才，体察官吏，又于见任官内遴选历练老成、兼通儒史、名望隆重者，俾居布政、按察之职，庶能镇静一方，民安盗息而治化有成矣”。明太祖听从了他的主张。[17]《明史·周新等传赞》说：“明初重监司守牧之任。尚书有出为布政使，而侍郎为参政者，比比也。”[18]可见唐铎的意见所产生的影响之大。

宣德初年，因营建宫殿，官吏犯法，皆许运砖赎罪还职。宣德四年（1429）四月，监察御史王翺等疏奏：“切见今运砖之例，不问轻重罪名，工满皆还职役，是贪黩有财者幸免，廉法无私者获罪，欲以劝惩，盖无分别。”他们请求：“凡犯赃官吏见运砖未完及自今有犯赃私者运砖之后，杂犯死罪文职官吏原籍为民，军职调卫；应徒流者，文职降用，吏典改拨，军官还职；其笞杖罪名与非赃犯者皆还职役。”如此，“庶几贪者革心，廉者励节”。[19]他们的建议，立即引起了明宣宗的高度重视，到六月，即“命法司文职官有犯赃罪者，俱依律科断”。[20]

御史差派，职责重大。故凡遇御史差遣分巡、追问等事，皆由都察院堂上官引至御前请旨点选。而宣德初“五府六部凡有公事未完，不分大小轻重，辄便拟奏委任巡按御史催办”。针对这种弊风，湖南道监察御史徐训等上疏：“御史巡按一方，职在纠察官吏，锄剔贪邪，伸理冤抑，咨询民俗，宣布政化，责任甚重，非有司可比”，寻常事故非其所务。“况五府六部各有官属可遣，巡按御史止是独员，若从所委遍历郡县，职专催办，非重风宪之职矣”。因此，他们请求明宣宗“敕五府、六部自今果有重务当御史督理者，明白具奏，取自上裁，不得仍前辄行差委”。这样，“庶几宪纲可以振举”。[21]此项建议，得到了明政府的采纳，并作为制度规定了下来（本章第三节谈“点差御史的原则”中曾述及）。凡此种种，对于开创期明代制度的健全与完善，监察御史是起了很大作用，做了很多贡献的。

第三，投身明初社会建设，安定民生，为实现清明的封建政治理想竭心尽力。

明初的封建统治者，大都比较有作为。他们励精图治，注重吏治民生，试图建立一种理想的封建统治秩序。可以说，当时的社会，在一定程度上充满着蓬勃的生机。作为明王朝耳目之寄，十三道监察御史适逢其会。他们不畏权势，弹击不法，指评时政，非常活跃。如丞相胡惟庸、御史大夫陈宁、御史中丞涂节“方有宠于帝”的时候，监察御史韩宜可当面弹劾他们“恃功怙宠，内怀反侧，擢置台端，擅作威福”，并请“斩其首以谢天下”。[22]监察御史周新，“弹劾敢言，贵戚畏之，目为冷面寒铁”。[23]不仅如此，他们还常常被派遣到地方，询问民情，考察官吏，或担负其他重要使命。洪武十九年（1386）四月，明太祖朱元璋亲命御史蔡新往河南赈济灾民。[24]永乐十三年（1415）正月，遣监察御史吴文等“分行天下，询察吏治得失及民间疾苦”。[25]永乐二十二年（1424）十一月，明仁宗因有感于“在外牧守之官不体朝廷恤民之意，侵削扰害，民不聊生”，遂遣监察御史汤荧等十四人分行考察。[26]监察御史受朝廷重托，大都不负所望，悉心谋划，除弊兴利。如陈宪巡按江西，“纠察方面及郡县吏之贤否而去之悉公，人心悦服。南昌之民旧苦三司供给，郡县因之以为己利，宪悉革之，民大称快”。[27]永乐间监察御史孙鼎提督南畿学政，整饬学风学规，严禁私嘱。当时“应天苦旱饥甚，奏免其租什七，赈济万三千余石，赖以全活者甚众”。[28]

综观上述，我们可以看到，朱明王朝开创期监察御史的活动，有一个比较有利的政治和社会环境，有强大的皇权为支柱。除了在洪武年间朱元璋滥及无辜的屠杀中充当了很不好的角色以外，监察御史的活动，程度不同地带有正义性或进步性，并且大多还与明初政治和社会发展要求相一致，当然应给予较高评价。

二、腐化期基本情况

从正统末到正德年间，是明王朝的腐化期。除孝宗时期政治相对清明以外，总的说来，这个时期的明朝统治者已经失去了当初那股孜孜求治的活力，走向腐朽、反动和堕落，“政治上出现了宦官和权臣迭相专政的局面”，尤其是长期的宦官专政，“清正的官吏受排挤，碌碌无为者保禄位”，[29]弄得政治舞台乌烟瘴气。以皇族为代表的大地主阶级，大肆兼并土地，阶级矛盾日趋激化，并发展成为主要社会矛盾，农民起义此起彼伏。在这样的历史条件下，十三道监察御史，却作为一支有生机的力量，仍旧遵循明太祖朱元璋为之规定的职分职能和行为准则，和专制皇帝、宦官等腐朽势力进行着长期不懈的不屈的抗争。不仅如此，他们的正气和热情，大大影响和感染了有正义感的明代士大夫，对维护世道人心和社会公论，起了不可低估的作用。

1. 监察御史活动的几个方面

（1）指评时政，议论得失，维护封建纪纲

如前所述，这一时期，明王朝政治废弛，统治阶级日趋腐化，正常的封建统治秩序受到影响和破坏。作为耳目风纪之官，十三道监察御史把主要精力投入维护封建纪纲上面。

针对宦官专权乱政，大臣缄默充位的严重情况，十三道监察御史常常上书论争，反对宠信佞幸阉寺，要求信用贤能大臣。成化四年（1468）八月，南京浙江道监察御史孔儒上言四事，首论“任辅臣”。他说：“本朝不设丞相，内阁之官乃相职也，必精选其人而用之，既用之必信任之。使幸臣不得以夺其权，小人不得以挠其职。

清闲之宴时赐召对，政治得失、人材贤否、生民利病皆咨访而行之”。[30] 九月，监察御史胡深等六人上疏，[31] 指出当时最重要的问题，是“乾纲下移”，“无功者或因请托权贵而蒙受非分之赏，有罪者或因攀附左右而脱垂死之刑。人心愤怒，众论喧腾”，希望明宪宗总揽乾纲，“凡大赏罚、大机务，必面召内阁大臣之贤者与之商决可否，然后断自宸衷，毋令左右之臣窃之以市恩”。[32]

明武宗即位之初，即宠幸阉寺马永成、魏彬、罗祥、谷大用等人。内阁大臣刘健等人见无力匡正，遂纷纷上疏求退。对此，监察御史李钺陈言，指出内阁典司政本，刘健等皆顾命大臣，宜召对咨访治道。南京十三道监察御史陆昆等也上疏论争：“近日以来，朝廷大体颇事纷更，政出多门，漫无统纪。诏旨颁示有不经内阁径由中断者，有虽经议拟旋复改易者，有因事建明未蒙谕允及留中不出者，是使大臣具员充位而已，安得不求退哉！”他们请求明武宗“每于退朝之暇，从容延访，凡有建明，曲赐嘉纳。至于政事机务，悉从（刘）健等计议，详定可否，然后奉行于诸司”。如此“庶几信任专，事权一,百度修举而天下无难治矣”。[33]

任免官员，是封建国家的大政。对此，十三道监察御史常常根据当时的情况，提出建议，指陈得失。如景泰初，监察御史张子初等人，指出大臣举保（方面、府正、御史）徇私之弊，建议废保举法，得到了明政府的采纳。[34] 这里，最典型的是成化初年反对宪宗亲擢两京四品以上大臣之事。

成化四年（1468）十二月，云南道监察御史戴用上疏，建议若两京堂上及方面正佐官缺员，“宜敕吏部照正统年间例”，令吏部会大臣推举，“举非其人者连坐。庶贤路大开而不才者不得以幸进”。

此建议明宪宗并未听取，反而下令："今后两京四品以上官，吏部具缺，朕自简除。"[35] 事关重大，十三道监察御史刘璧等人，立即上疏提出疑义。

明代制度，每遇"两京大僚及方面有缺，先由吏部或会内阁或多官计议，或径自推举堪任之人以闻"，请皇帝裁决。当然，皇帝特旨亲擢，也不乏其例。但在明初，政治比较清明，总的说来，皇帝亲擢多符公论，且对正常的官员任用制度没有太大的影响。而到了成化时期，情况就不同了，佞幸内臣受皇帝宠信，他们操纵明王朝的生杀予夺之权。这次实际上是他们要假宪宗之威，进一步窃取和控制官员的任用权力。诚如刘璧等人所提出的那样："臣等窃以为此非出于陛下之本意，其必有不恤国体偏为身谋之人，欲假陛下之专以塞天下之口，窃朝廷之权以济一己之奸耳。"

刘璧等人的质疑，主要包括两个方面。第一，指出正常的推举制度的合理性和可行性。"吏部之选举，虽下僚末职，亦不过具实奏闻，上请裁处，未尝敢自专。苟或荐非其人，士论得以攻之，台谏得以言之，朝廷得以罪之，庶几正其事而救其失。"再行大臣会推，或"间行保举以收兼听之明"，这样对皇帝来讲，"则无独断之名而享成功之利"。第二，指出宪宗此命的不可行及其危害性，"今陛下选任廷臣，乃欲独断于己，吏部不得预，则台谏不敢言，万一有失，谁任其咎？"又说："当今百僚之中，岂能人人皆贤，陛下虽曰明见万里，果尽知其孰为贤而可用，孰非贤而不可用耶？万一知有未尽，则必询诸一二近侍大臣，然能保其果无受贿市恩而所举非所用乎？在外者以为专主于陛下而不敢言其失，彼自以为得计，方且夤缘作弊，卖官鬻爵，无所不至，则其为患也大矣"。[36] 利害得失，备陈无遗。十三道监察御史刘璧等人，从维护封建纪纲法度的愿望出发，犯颜直谏，可谓竭尽“犬马之诚”。然而，由于明宪宗一意孤行，他们的意见不仅没有被听取，反而被加上“违祖宗旧制，欺诳朝廷”之罪而受到责罚。[37]

如上所述，十三道监察御史在明王朝制度废弛、统治日趋腐朽的情况下，为维护封建体制的正常运行，付出了诸多艰苦的努力。诚然，由于统治者的昏庸无道，他们的建议很多并未被采纳。但他们的精神是难能可贵的，其作用和影响，也应当给予相当高的评价。

（2）举贤劾贪，臧否人物，激浊扬清，维护社会公论

如上所述，这一时期，由于明王朝统治日趋腐朽，在多数情况下，形成了清正贤能的官员被排斥、奸佞之徒专权窃国的局面。十三道监察御史，不仅积极为维护正常的封建体制而抗争，还针对具体情况，弹击不法，举荐贤能，希望污浊的政治环境能够有所改善。

明王朝策命大臣或考察官员，是十三道监察御史论劾的主要机会。弘治九年（1496）二月，升都察院左都御史屠滽为吏部尚书，左都御史缺员，明孝宗命吏部会大臣推举。而时间过了两个月，却由传奉起用声名狼藉、为世人所鄙夷的王越。于是，监察御史王一言立即上疏反对，指出王越“由传奉起用，恐不足以风示百僚，于朝廷事体固所未安，于越亦不能无损”。王鼎更进一步指出：“越先任都御史，历年已久。继以憸邪小才诳人耳目，终亦大败。今何取斯人而复起之，是必有贵戚内侍贿荐而私誉之者，乞将王越并荐举之人明正其罪，昭示天下。”[38]在他们反对下，明孝宗收回了成命，复令吏部会多官会议，改南京刑部尚书闵圭为都察院左都御史。正

德六年（1511）正月，时当考察之期，十三道监察御史张叔安等人，照例劾奏参政宁举，副使杨二和、李宽，知府陈威、李达、刘武臣等官。《实录》评论说，他们“所论劾多符公论，若杨二和、宁举之贪污，刘武臣等之奔竞，皆士论所不齿”。[39]

若遇新君即位或专权的宦官遭诛等重大政治变动，便为十三道监察御史提供了举劾官员的有利时机。成化二十三年（1487）九月，明孝宗即位，颁诏大赦天下，令给事中、御史，“文武官员贪冒奸邪者许指陈实迹纠劾”，[40]一时言路畅通。十一月，御史汤鼐上疏，请求明孝宗于“视朝之余，宜御便殿，择侍臣端方谨厚若刘健、谢迁、程敏政、吴宽者，日与讲学论道，以为出治之本”；罢逐尹直、李裕、刘敷、黄景等“或夤缘中官进用，或依附佞幸行私”之人；对中官李荣、萧敬宜“亟正典刑，勿事姑息。召回致仕尚书王恕、王竑，都御史彭韶，佥事章懋等”，[41]量其才德，委以重任。汤鼐此疏，多合公论。正德五年（1510）八月，权阉刘瑾伏诛，言官交劾党附之臣。[42]副都御史杨纶是因刘瑾而进用，于是十三道监察御史赵应龙等疏论杨纶“行奸心险”，“以刘瑾有乡里之亲，张綵（吏部尚书）有腹心之托，自按察未几而为巡抚，巡抚未几而入内台。二奸既败，纶岂独存？况纶为綵所用之人，而复治綵之狱，故观望迁延以希轻典”，请求将杨纶立即“罢黜以清朝列”，[43]于是杨纶被命致仕。

除上述情况外，十三道御史还有不时的论劾和举荐。或交章疏奏，或各陈己见。所有这些，在明王朝腐化期里，对改善政治环境，维护社会公论，都起了不少作用。

（3）规谏皇帝，指陈时弊，批评皇帝的腐朽行为

这一时期，最高封建统治者皇帝，大多怠于政事，荒淫无度，特别是明武宗简直到了登峰造极的地步。从维护封建统治的长远利益出发，十三道监察御史常常犯颜谏诤，对皇帝的种种腐朽行为提出批评。此类情况司空见惯，这里，举两个典型事例来说明。

在明代帝王中，明武宗以荒淫著称。其在位初期，刘瑾专权乱政，政治十分黑暗。刘瑾被诛后，他又宠幸佞臣江彬等人，依旧不务政理，逸乐自恣，巡游无度，弄得大小臣僚惶恐不安。正德十三年（1518）十二月，十三道监察御史谢阶等上疏，指陈巡游对人民的侵扰。他们说："圣驾由宣府远幸陕西，诸处镇守以及有司指以供御为由，拣选妇女，科敛财物……。""从行军士侵损于民，无所不至，良家妇女被其淫污。……""夫天下之财尽出于民，岁贡之数尚且告乏。今辇毂所临动费巨万，臣恐民不堪命。"他们要求明武宗停止游幸，并"将镇守有司科敛等弊一切禁止"。[44] 正德十四年（1519）二月，明武宗下令南巡，十三道监察御史张翀、杨秉中等人上疏谏阻，奏疏提出的批评十分尖锐："天位难保，欲心易纵。若秦皇之游海上，炀帝之幸江都，侈心一萌，竟不知返，以致汉高起丰沛，唐祖兴晋阳。简册所传，足为明鉴。今四方多事，生民困穷，陛下宵旰忧勤，安养休息，尚不足以补元气、固根本，而乃复欲耗损，民何以堪？"要求明武宗"速收前命，寝此逸游。"[45] 疏上，留中不报。于是，他们联合六科给事中"伏阙俟命"。但明武宗决意南巡，他们的谏诤未被听取。

以皇室为代表的大地主阶级大肆掠夺土地，建立庄田，是明王朝腐朽统治的一个主要表现。对此，十三道监察御史也常常上疏反

对。弘治元年（1488）七月，南京监察御史张昺等人上疏，就对明孝宗赏赐皇亲庄田提出了批评。[46] 正德元年（1506）二月，监察御史王时中等人，针对在真定、河间等府设立两宫皇庄又分遣官校管理的事情，指斥皇帝“与民争利”，请求“革皇庄之名，将地给民承佃”，“官校止勿复遣”。[47]

诸如此类，十三道监察御史在许多方面大胆规谏，申明利害。虽然由于专制皇帝的腐朽，他们的建议大多未被采纳，但并不能因此否定他们为维护封建统治所作的努力。

总的看来，十三道监察御史本时期的活动，积极方面占主导地位。他们批评皇帝的腐朽行为，反对宦官专政，为维护正常的封建统治秩序和社会公论，不断发出声音以至挺身力争。但是，不能因此就忽视另一面。应当看到，这一时期，还存在不少问题，仅就言事而言，就有如下情形。一、论劾不公。正德元年（1506）初，吏部尚书马文升、南京兵部尚书王轼“得请致仕”，吏部方会官推举，而监察御史王时中却疏言兵部尚书刘大夏不当在推举之列。[48] 其实，刘大夏持身端正，才德兼备，一代名臣，众望所归。王时中之言，显然是非乖谬，且不合时宜。因为当时正是贤能大臣被排挤的时候。二、畏避缄默。在某些时候，由于腐朽势力的压制，十三道监察御史对一些事情敢怒不敢言。如刘瑾专权时，为了箝制言官，“令锦衣卫官朝夕点闸六科，又用刘宇言敕都察院得挞辱十三道御史”。[49] 这不符合明代制度。但直到刘瑾被诛后，监察御史贺泰等才请求废除这个荒唐的规定。除此以外，更有甚者。有一些监察御史中的败类，趋炎附势，专为身谋。成化十三年（1477）五月，由于大学士商辂等人的努力，罢西厂，领厂事太监汪直令回御马监。这时监察御史戴缙九年考满，不得升用，“探知西厂虽革，汪直犹幸”，遂假灾异上疏，贬抑贤能的大臣，为汪直歌功颂德。于是，西厂复开。西厂“诇察益苛，人不堪命，至有破家毁族者，势焰熏灼，天下闻而畏之，其祸端实肇于（戴）缙”。[50]

2. 阻碍监察御史行使职权的主要因素

十三道监察御史在行使职权的过程中，常常会遇到很多阻力。这种情况在明初就已存在。如韩宜可弹劾胡惟庸等人，便以“排陷大臣”罪下狱；[51] 蓝玉“尝占东昌民田，民讼之。御史按问，玉执御史，捶而逐之”。[52] 但在开创期，由于政治比较清明，此类事情还不甚多。到了腐化期，明王朝的统治日趋黑暗和腐朽，十三道监察御史行使职权，遂遇到重重阻挠。择要而论，主要来自皇帝、宦官、权臣三个方面。

（1）皇帝方面。十三道监察御史是明王朝的耳目之官，本来皇权是他们行使职权的主要支柱，但当统治腐朽的时候，皇帝却变为最大障碍。弘治九年（1496）四月，刘绅等二十名御史下狱事件就说明了这一点。当时，岷王奏武冈州知州刘逊诸不法事，明孝宗命锦衣卫官校前往拿问。刘绅等认为于理未公，且于当朝制度不合，遂上疏提出疑义：“岷王止因禄米愆期，遂至牴牾。（刘）逊罪固不可逃，而朝廷不宜偏听。且所奏事干证人犯几百人，今止逮逊至京，而证佐不在，则为单词，法司亦难归结。且锦衣卫官校系朝廷亲军，非谋为不轨及妖言重情，祖宗以来未尝轻遣。乞令法司行镇巡官员察勘，则事之曲直自不能掩。”奏疏言之有理，持之有据，也无过激之辞，但明孝宗却认为“一州官为亲王所奏，方有旨逮问”，刘绅等人起而奏阻，“不谙事体”，遂将他们下锦衣卫狱。[53] 这一时期，明孝宗尚属一个相对开明的皇帝，其他皇帝当可想而知。

（2）宦官。宦官集团是明代最反动的政治势力，他们败坏封建纪纲法度，专权害政，故成为十三道监察御史的主要攻击目标。自然，他们的阻挠、迫害，也就构成阻碍监察御史履行职责的重要因素。如成化四年（1468）十二月，监察御史邵有良被降为四川蒲江县知县。当时，邵有良巡视光禄寺，“以光禄多积弊，费出无经”，责令所司具报实数，“署吏迟之不以报，有良杖之”。中官“素恶有良执法不便其私，诬奏有良包藏祸心，索报各宫日用之数，事涉不敬”，邵有良由此被杖而调外任。[54]

（3）权臣。权臣是监察御史行使职权的又一个障碍。在此以杨瑄、张鹏谪戍事件来说明。天顺元年（1457）五月，监察御史杨瑄劾奏忠国公石亨侵占河间县民田。起初，明英宗还认为他不避权贵，敢言可嘉，令户部移文巡按御史覆实。[55]六月，十三道监察御史张鹏等人“合章欲纠（石）亨诸不法事”。石亨得知后，“诉于上。”明英宗“悉召诸御史”诘责，遂谪杨瑄、张鹏充铁岭卫军，[56]御史周斌等人被降为知县。[57]

注释：

[1] 参见王天有：《晚明东林党议》，许大龄序。

[2]《明太祖实录》卷二六，吴元年十月壬子条。

[3]《明太祖实录》卷四三，洪武二年七月癸丑条。

[4]《明太祖实录》卷四八，洪武三年正月甲午条。

[5]《明太祖实录》卷六三，洪武四年闰三月庚辰条。

[6]《明太祖实录》卷一五六，洪武十六年八月甲戌条。

[7]《明太祖实录》卷四八，洪武三年正月甲午条。

[8]《明太祖实录》卷二〇二，洪武二十三年五月戊戌、庚子条。《明史》卷一二七，《李善长传》。

[9][11]《明史》卷一四一，《王度传》及附传。

[10]《明史》卷一四二，王彬传。

[12] 谷应泰：《明史纪事本末》卷二七，《高煦之叛》。

[13]《国朝献征录》卷三八，《兵部尚书于公谦传》。

[14]《明太祖实录》卷五三，洪武三年六月辛巳条。

[15] 参见雷礼：《顺天府府尹郑沂传》眉批，《国朝献征录》卷七五。

[16]《明史》卷七五，《职官志四》。

[17]《明太祖实录》卷一六三，洪武十七年七月己未条。

[18]《明史》卷一六一，《周新等传》赞。

[19]《明宣宗实录》卷五三，宣德四年四月辛卯条。

[20]《明宣宗实录》卷五五，宣德四年六月甲午条。

[21]《明宣宗实录》卷五九，宣德四年十月乙酉条。

[22]《明史》卷一三九，《韩宜可传》。

[23] 黄佐：《周宪使传》，黄宗羲辑《明文海》卷三八七，中华书局 1987 年版，第四分册。

[24]《明太祖实录》卷一七七，洪武十九年四月丁亥条。

[25]《明太宗实录》卷一六〇，永乐十三年正月戊午条。

[26]《明仁宗实录》卷四上，永乐二十二年十一月。

[27]《明宣宗实录》卷四九，宣德三年十二月乙巳条。

[28] 京志学：《监察御史孙公鼎传》，《国朝献征录》卷六五。

[29] 王天有：《晚明东林党议》，许大龄序。

[30]《明宪宗实录》卷五七，成化四年八月己亥条。

[31]《明史》卷一八〇，《胡深传》言胡深："与同官陈宏、郑己、何纯、方升、张进禄上疏。"

[32]《明宪宗实录》卷五八，成化四年九月庚午条。

[33]《明武宗实录》卷一二，正德元年四月壬申条。

[34]《明英宗实录》卷一九三《废帝郕戾王实录》第十一，景泰元年六月甲午条。

[35]《明宪宗实录》卷六一，成化四年十二月庚子条。

[36]《明宪宗实录》卷六一，成化四年十二月庚戌条。

[37]《明宪宗实录》卷六二，成化五年正月戊午条。

[38]《明孝宗实录》卷一一二，弘治九年四月己丑条。

[39]《明武宗实录》卷七一，正德六年正月丁巳条。

[40]《明孝宗实录》卷二，成化二十三年九月壬寅条。

[41]《明史》卷一八〇，《汤鼐传》。另参见《明孝宗实录》卷七，成化二十三年十一月丁巳条。

[42] 参见《明史》卷三〇六，《阉党传》。

[43]《明武宗实录》卷六七，正德五年九月壬戌条。

[44]《明武宗实录》卷一六九，正德十三年十二月己巳条。

[45]《明武宗实录》卷一七二，正德十四年三月丙午条。

[46] 参见《明史》卷一六一，《张昺传》。

[47]《明武宗实录》卷一〇，正德元年二月丙子条。

[48]《明武宗实录》卷一三，正德元年五月戊戌条。

[49]《明武宗实录》卷六六，正德五年八月己酉条。

[50]《明宪宗实录》卷一六七，成化十三年六月庚戌条。

[51]《明史》卷一三九，《韩宜可传》。当时胡惟庸方有宠于明太祖。

[52]《明史纪事本末》卷一三，《胡蓝之狱》。

[53]《明孝宗实录》卷一一二，弘治九年四月戊子条。

[54]《明宪宗实录》卷六一，成化四年十二月壬子条。

[55]《明英宗实录》卷二七八，天顺元年五月乙酉条。

[56]《明英宗实录》卷二七九，天顺元年六月甲午条。

[57] 参见《国朝献征录》卷九九，《广东右布政使周斌传》。

第五节　十三道监察御史的地位和作用（下）

三、整顿期基本情况

从1521年明世宗即位至神宗万历十年（1582）是明代的整顿期。所谓整顿，“是指统治阶级内部权力分配的调整和内外政策的调整”。[1]这一时期，“大地主集团更加腐朽，宦官势力较弱，内阁大学士之间为了争夺首辅而钩心斗角，势同水火”。“地主阶级内部一小部分有识之士，从长远的统治利益出发，主张改革政治”。[2]在新的历史条件下，十三道监察御史的活动，增添了不少新内容，其职分职能和行为准则，也开始发生了变化。

1. 十三道监察御史职分职能的变化

明初，明太祖立法创制，十三道监察御史职专监督纠弹百官有司，只对皇帝负责，此外不依附于其他任何政治势力，即使对本院堂上官也是如此，“御史独不系都察院，以示得相纠察之意”。[3]对皇帝负责的含义，是维护明代的纪纲法度，并非绝对服从于皇帝一人，朱元璋为他们规定的职分职能中，就有规谏拾遗一条。一句话，为了求得朱明王朝长治久安，他们可以弹击百官，也有权批评皇帝。所以从这个意义上讲，监察御史作为耳目风纪之官，在当时的政治舞台上有其相对的独立性。

但在实际政治生活中，情况要复杂得多。如本章第四节所述，早在洪武年间，朱元璋大肆诛戮，十三道监察御史承望风旨，率先发难，就表现了较强的政治依附性。正统末以来，明朝的统治走向腐朽，皇帝昏庸，宦官专权，御史中也随之出现了趋炎附势之徒。明英宗杀于谦，就有御史为之鼓噪，充当鹰犬；[4]刘瑾专权乱政，也有御史党附。[5]但此类情况毕竟还是少数。《明史·张宁等传赞》说："其时门户未开，名节自励，未尝有承意旨于政府，效搏噬于权珰，如末季所为者。故其言有当有不当，而其心则公。"[6]这是针对天顺以后科、道言事的情况而言。事实上，它可以反映正德以前御史活动的主导倾向。也就是说在明代开创期和腐化期里，十三道监察御史基本上按照朱元璋为他们规定的职分职能和行为准则，为维护封建体制的正常运行，弹论不法，规谏皇帝，基本上保持了他们的相对独立性。

到了嘉靖时期，也就是整顿期，情况发生了很大变化。明世宗以藩王入继帝位，大礼之议，原本是继统继宗的问题，却由此发展为规模大、持续时期长的统治阶级内部的政治纷争。当时，以杨廷和、蒋冕等为首的一派，与张璁、桂萼等为首的一派，两军对垒。十三道监察御史站在杨廷和派一边，既抗章力论，又聚众请愿。[7]对此，赵翼称之为"以意气用事""以矫激相尚"。[8]实际上，大礼之议，开了明后期党争的先河，也是十三道监察御史在政治上附和的开端。此后，明代政治纷争日益加剧。特别是内阁首辅权势日趋膨胀，百官群僚俯首听命，甚至连六部长官也不例外。《明史·廖纪传赞》说："世宗朝，(张)璁、(桂)萼、(夏)言、(严)嵩相继用事，六卿之长不得其职。大都波流茅靡，淟涊取容"。[9]当然，十三道监察御史也要寻求依托，他们常常在那些激烈的角逐之中，党同伐异，充当喉舌，到明世宗末年，这种倾向已经表现得非常明显。《明史·王治等传赞》说："世宗之季，门户渐开。居言路者，各有所主。故其时不患其不言，患其言之冗漫无当与其心之不能无私，言愈多，而国是愈益淆乱也”。[10]此言未免偏狭和太绝对，对其应该做具体而客观的分析，但有一点说得很清楚：十三道监察御史在政治上的相对独立性大大减弱，其依附性逐渐加强。

在新的政治条件下，十三道监察御史的活动，便渐渐偏离了朱元璋所确定的轨道，其监督纠劾的出发点，已经从所谓“振纪纲、明法度”督率百官奉公守法过渡到为人指使而搏击上来。

2. 监察御史活动的新内容

（1）投入内阁首辅之争

嘉靖末经隆庆至万历初年，内阁权尊势重，张居正执政，更发展到极端化，于是形成了“建言者分曹为朋，率视阁臣为进退”[11]的局面。十三道监察御史也是如此。他们各有其主，各效其力，在内阁大学士争夺首辅的角逐之中，或充当先锋，或摇旗呐喊，扮演着重要角色。如嘉靖四十一年（1562），在严嵩失宠、其子严世蕃“贪横淫纵状亦渐闻”的情势下，大学士徐阶“令御史邹应龙劾之”。[12]邹应龙“抗疏极论嵩父子不法”，[13]严嵩首辅之位，遂由徐阶取而代之。后来，大学士高拱为了倾覆徐阶，“令御史齐康劾阶，言其二子多干请及家人横里中状”，[14]但这次举劾未能如愿。高拱执政，以内阁掌吏部，御史与给事中奔走其门下，专务搏击，其门生监察御史汪文辉“心独非之”，遂疏陈当时言官“倾陷”“纷更”“苛刻”“求胜”四事，切责言官。其“倾陷”一条说：“言官见庙堂议论稍殊，遂潜察低昂，窥所向而攻其所忌”。此言一针见血，很切合实际。结果，“拱恶其忤己，甫三日，出为宁夏佥事”。[15]张居正辅政，所选授御史多附己之人，“有所欲为则托之昌言，有所欲去则讽之论罢”。[16] 他创考成法，内阁考核科道，破坏了考核御史制度。这些情况，都加剧了十三道监察御史的政治依附程度。

十三道监察御史参预内阁首辅之争和依附内阁，从制度上讲，偏离了相对独立地行使监察权力的轨道。这是一种不正常的现象。但有时也能在客观上发挥一定的进步作用。如邹应龙承徐阶旨意弹击严嵩，结束了严嵩十几年专权乱政的局面。徐阶执政颇有建树，“嘉、隆之政多所匡救”。[17]

（2）参预或支持社会改革

明中期以来，由于政治腐败，军备废弛，社会经济凋敝，明王朝统治出现了严重危机。到了嘉靖中后期，改革已是大势所趋，人心所向。作为一支重要的政治力量，十三道监察御史也以积极的姿态，投身到改革的大潮之中，亲身参预或热情支持社会改革。

赋役改革是社会经济改革的关键。御史出巡，亲历郡县，对赋役不均的现象，有切实而深刻的认识。他们根据当地实际情况，进行程度不同的整顿和改革。御史潘季驯巡按广东，“行均平里甲之法”。嘉靖四十年（1561）正月，潘季驯以“报代在迩”，恐后任不能继续执行，上疏要求肯定此法。对潘季驯的做法和请求，明政府给予了大力支持，遂下令：“以其言行通省，如法遵守。”[18] 稍后，巡按浙江监察御史庞尚鹏奏行“均平法”，梁方仲认为“事实上就是一条鞭”。[19] 在此之前，嘉靖三十五年（1556），巡按蔡克廉也在江西倡行一条鞭法。[20] 他们的改革，为张居正在全国范围内推行一条鞭法奠定了基础。

张居正改革，是一次规模大、影响深远的改革运动，十三道监察御史是改革的有力支持者。万历五年（1577），张居正遭父丧，时值改革的关键阶段，不得已“夺情视事”。编修吴中行、检讨赵用贤、刑部员外郎艾穆、主事沈思孝等人，以维护伦理纲常为名，疏论张居正“忘亲贪位”。[21] 于是，御史曾士楚与给事中陈三谟等人，“倡疏奏留，举朝和之”。[22] 在南京，御史也“上疏请留居正”。[23] 张居正终于留了下来，这对改革的正常进行，无疑起了积极作用。当然，在改革过程中，御史当中也有像刘台那样不识时务的人，挟私奏劾。[24] 但这只是个别情况，不是主流。

四、衰敝期基本情况

神宗万历十年（1582），至庄烈帝十七年（1644），是明王朝的衰敝期。这一时期，明王朝的统治走向全面腐败和反动。神宗长期荒怠政务。熹宗时，宦官魏忠贤勾结天启帝乳母客氏乱政，很多非东林党人投靠了他们成为阉党，摧折正直，蠹政害民。明政权倾颓之势，日趋明显地表现出来。为了挽救垂危的封建统治，代表地主阶级中前进势力的东林党人，主张刷新政治，同代表大地主阶级利益的非东林党，特别是同极端反动的阉党势力，展开了激烈的斗争。在这种政治背景下，十三道监察御史也分党而立。这是本时期的最大特点。

在明末党争中，有相当多的监察御史，或依附非东林党人，或依附宦官魏忠贤成为阉党的重要成员。最臭名昭著的是崔呈秀，其巡按淮、扬，“卑污狡狯，不修士行”，“赃私狼藉”，枉法市恩，[25] 被左都御史高攀龙论劾。“有旨从公勘奏”，赵南星题复勘明。窘急之下，崔呈秀“青衣小帽亟走忠贤所请命”，被蓄为义子。[26] 崔呈秀遂助魏阉屏斥清流，“进《同志》诸录，皆东林党人。又进《天鉴录》，皆不附东林者。令忠贤凭以黜陟，善类为一空”。[27] 此外，《明史》卷三〇六《阉党传》言：“当忠贤盛时，其党争搏击清流，献谄希宠。最著者，石三畏、张讷、卢承钦、门克新、刘徽、智铤”。此六人皆为御史。其中石三畏因谄附魏忠贤而授御史，为魏阉“十孩儿”之一。他“首劾都给事中刘弘化护熊廷弼，太仆卿吴炯党顾宪成，两人获严谴”。“极论三案，请以其疏付史馆，而劾礼部尚书周炳谟、南京尚书沈儆炌、大理丞张廷拱，三人亦获谴”。还“倚（崔）呈秀为荐主，锻成杨、左之狱，咆哮特甚”。最凶狠的是追论京察三变，极力诋毁李三才、曹于汴、赵南星、张问达等十五人，而荐乔应甲、徐兆魁等十三人。[28] 结果，李三才、曹于汴等诸臣，已故的“追夺诰命”，“见存的著削籍为民”。[29] 其他一些御史为魏阉奔走效命的情况，与此相类。

加入东林党或拥护、同情东林党的监察御史，肩负着重大使命。一方面，要同非东林党人和阉党进行斗争；另一方面，又要为挽救重危的明王朝奔走呼号。这里涉及许多问题：反对魏忠贤专权；倡言整饬吏治；支持和争取贤能的官员主持政务；反对矿监税使对黎民百姓野蛮的搜刮和掠夺；关注辽战事；等等。为此，他们表现了很高的政治热情，并付出了惨重的代价。他们的斗争，在一定程度上反映了人民的要求，具有正义性和进步性。不过，对有些问题，如参预镇压人民起义，当然应作别论。

对十三道监察御史分党而立的情况，在当时及清代就有许多人予以评论。如天启五年（1625）四月，吏科给事中郭兴言上疏指出：“迩来言官各执意见，分立门户，始乎攻击，卒乎排挤，气魄才力不用之以补阙拾遗而用之于植党树私，精神念虑不用之于忠君爱国而用之于乘权固位，安望其匡主德、定国事而纠官邪也！”[30]在当时条件下，这种看法颇切时弊，且入木三分。赵翼《廿二史劄记》，将之称为“互攻争胜”的“叫呶蹲沓”之习。这些看法都有一定道理，但都失之于笼统，一概否定，不作区分。如前所述，对阉党和非东林党的监察御史，当然应对他们的行为给予指斥或批评；而对东林党或支持同情东林党的监察御史，主要的应予肯定。

小　结

综合第四、五节论述，我们可以看到，在不同的发展阶段，十三道监察御史的活动包含着不同的内容，呈现着不同的特点。从全局来看，嘉靖以前，五府、六部等政务机关，分理军政事务，内阁辅佐治理，都察院行使监察权力，对维护封建纲纪及封建体制的正常运行发挥了重要作用。明世宗即位后，特别是嘉靖末年经隆庆以迄万历初年，随着内阁权势的膨胀，六部等机关的职权被侵夺，十三道监察御史也失去了相对地独立行使监察百官的职能。他们依附阁臣，原来制度赋予他们的监督纠劾权力，变成了受人指使为人效力、代人搏击的资本，这是对制度的破坏，正常的政治格局被打破了，十三道监察御史偏离了明太祖为他们规定的职分职能和行为准则。万历十年（1582），张居正去世后，内阁与十三道监察御史的联合破裂，由合作转为攻讦诋毁，“阁臣与言路遂成水火”。[31]不久党争局面形成，分党而立，其监察职守彻底废坠，明代的政治体制遂失去了正常运转的能力。

最后要说明一点，明代十三道监察御史与六科给事中并称言官，又称科道官。在监察百司、论劾官员问题上，他们常常并肩作战，故当时及后来论者，多将科、道一起讨论。这里是对十三道监察御史的独立讨论，基本上未及六科，但其中某些原则，六科给事中同样适用。

注释：

[1] 王天有：《试论明代科道官》，《北京大学学报（哲学社会科学版）》1989 年第 2 期。

[2] 王天有：《晚明东林党议》，许大龄序，上海古籍出版社 1991 年版。

[3] 孙承泽：《春明梦余录》，卷四八，《都察院》。

[4] 英宗复辟后，六科给事中弹劾王文、于谦，且指俞士悦等人为于谦党。十三道监察御史“亦劾俞士悦等贪刻憸佞，并劾右通政殷谦为于谦党”。参见《明英宗实录》卷二七四，天顺元年正月甲申条。

[5]《明史》卷三〇六，《阉党传》言，党附刘瑾的御史有薛凤鸣、朱衮、秦昂、宇文钟、崔哲、李纪、周琳。

[6]《明史》卷一八〇，《张宁等传赞》。

[7] 参见《明史纪事本末》卷五〇，《大礼议》。

[8]《廿二史劄记》卷三五，《明言路习气先后不同》。

[9]《明史》卷二〇二，《廖纪等传赞》。

[10]《明史》卷二一五，《王治等传赞》。

[11]《明史》卷二三〇，《蔡时鼎等传赞》。

[12]《明史》卷二一三，《徐阶传》。

[13]《明史》卷三〇八，《奸臣・严嵩传》。

[14][17]《明史》卷二一三，《徐阶传》。

[15]《明史》卷二一五，《汪文辉传》。

[16]《明神宗实录》卷一三五，万历十一年三月丙戌条。

[18]《明世宗实录》卷四九二，嘉靖四十年正月己丑条。

[19] 梁方仲：《一条鞭法的名称》，《梁方仲经济史论文集补编》，中州古籍出版社 1984 年版。

[20] 梁方仲：《跋〈洞阳子集〉》，《梁方仲经济史论文集补编》，中州古籍出版社 1984 年版。

[21]《明史纪事本末》卷六一，《江陵柄政》。

[22]《明史》卷二二九，《吴中行传》。

[23]《明史》卷二二七，《张岳传》。

[24]《明史》卷二一三，《张居正传》言："御史刘台按辽东，误奏捷。居正方引故事绳督之，台抗章论居正专恣不法。"

[25]《明史》卷三〇六，《阉党传》。

[26]《明熹宗实录》卷四六，附《两朝剥复录》，天启四年九月戊辰条。

[27][28]《明史》卷三〇六，《阉党传》。

[29]《明熹宗实录》卷六一，天启五年七月甲戌条。

[30]《明熹宗实录》卷五八，天启五年四月丙戌条。

[31] 赵翼《廿二史劄记》卷三五，《明言路习气先后不同》。

第二章　御史巡按制度

御史巡按，又称巡方，是十三道监察御史的重要差遣。[1] 明王朝派遣御史巡按，有一套系统完备的制度，内容十分丰富和广泛。这项制度的存在，基本上与明代历史相始终，它是明代社会独有的现象，对地方的治乱兴废，产生了广泛而深远的影响。

第一节　御史巡按制度的形成及其内容

一、御史巡按制度的形成

明代御史巡按，洪武初年就已开始。《明太祖实录》卷四十三记载，洪武二年（1369）七月，“监察御史谢恕巡按松江，以欺隐官租逮系一百九十余人至京师，多有称冤者”。[2] 洪武三年（1370）正月，明太祖朱元璋晓谕礼部，命监察御史“如出巡，当依品级拜知府、知州”。[3] 洪武四年（1371），“令监察御史、按察司官巡历去处，但有守法奉公、廉能昭著者随即举闻”。[4] 由此可见，明政权建立之初，即派遣监察御史出巡按治地方，并随之作了一些原则性的规定。《明史・太祖本纪》关于洪武十年（1377）七月，“始遣御史巡按州县”

之说，[5] 显然是错误的。

不过，在洪武年间，御史巡按带有临时性，还没有形成制度，并且“巡按”一词，并非专指御史巡行按治地方，它还包括按察司官员出巡。明初，“提刑按察司谓之外台，与都察院并重，故《大明令》按察司、都察院并列，不视为外官”。[6] 事实上，洪武年间，分巡按治州县的任务，主要由按察司官员承担。洪武十五年（1382）十一月，即“命都察院以巡按事宜颁各处提刑按察司，俾各举其职”。[7] 同年，因“言者多陈守令贪鄙不法，故于直隶府州县设巡按监察御史”。[8] 又特置“天下府州县按察分司。以儒士王存中等五百三十一人为试佥事，人按二县”。[9] 洪武十六年（1383）八月，又“令御史及按察司官巡历郡县”。[10] 洪武二十一年（1388）三月，遣进士行监察御史事分巡郡邑，“以久任御史一人与俱”。[11] 显然，御史巡按制度尚处于酝酿和探索时期。

到洪武末年，巡按御史的派遣，开始出现制度化的趋势。起初，巡按御史印篆只有一种，“分巡印一，藏于内府，有事则受印以出，复命则纳之”。到洪武二十三年（1390）八月，铸十二道巡按御史印，如巡按浙江“则曰巡按浙江道监察御史印，余印亦如之”。[12] 二十五年（1392），因“各按察分司所分巡按地方多有未当”，朱元璋“命都察院六部官会议更定”，遂议定凡四十八道，且铸各按察分司印。其直隶六道：淮西道、淮东道、苏松道、安池道、京口道、江东道，由监察御史分巡按治。[13]

自永乐始，御史出巡开始制度化。《明史·成祖本纪》言：永乐元年（1403）正月，“遣御史分巡天下，为定制”。[14] 到洪熙、宣德间，巡按选派的方式，御史巡按的时限，都有了较为明确的规定。

宣德二年（1427）二月，行在都察院右都御史王彰奏："先遣御史许胜等巡按江西、浙江已逾一年，例应更代"。明宣宗即"命御史唐舟等往代之"。[15] 宣德四年（1429）十月，河南道监察御史徐训等奏疏中指出，御史巡按一方，责任甚重，"故凡御史差遣分巡、追问等项，本院官遵守成宪必引于御前请旨点选，慎重其事"。[16] 可见，御史巡按的岁一更代及御前点差制度已渐趋形成。至正统四年（1439），定宪纲、宪体及出巡相见礼仪等纲领性文件，[17] 御史巡按的使命及各种行为准则、规章制度都固定了下来。至此，御史巡按制度遂正式确立。

二、御史巡按制度的内容

经过明初数十年逐渐酝酿、斟酌因损而建立的御史巡按制度，有一套完整而严密的体系，内容丰富而广泛。在此，简明条示于后。

1. 差遣巡按御史的一般原则

（1）差遣方式。御史巡按，事关重大，差遣方式为御前点差。正统四年（1439）规定："凡差御史分巡"，"都察院具事目，请旨点差。""引御史二员，御前点差一员。"[18]

（2）差派资格。明代御史巡按，除辽东等三处外，皆为大差。万历时都御史孙丕扬言："故事，御史之按巡也，必中差，始请按差"；"必挨次，始得拟差。"[19] 可见，差派御史巡按，是从中差回道御史中依次钦点，《大明会典》对其有较为详尽的说明。"凡题差巡按御史，先尽中差回者；如中差无人，方择巡按回道资俸浅者定拟"。"凡差巡按御史，若同时进道，以中差回道先后为序；若非同时进道及同日回道者，以进道先后为序；再差巡按者，俱以先差回道日期为序”。辽东、宣大、甘肃三处巡按御史为中差，差派有其特殊性。嘉靖二十四年（1545）奏准，“于中差回道御史议取二员，具名上请”。[20]

（3）数额与时限。在一般情况下，巡按御史有定额：北直隶二人，南直隶三人，宣大一人，辽东一人，甘肃一人，十三省各一人。[21]洪熙元年（1425），“定巡按以八月出巡”。[22]巡按的期限，一般为一年。“凡巡按御史，一年已满，差官更代”。[23]

（4）回避制度。《诸司职掌》规定：御史分巡按治州县，“其分巡地面果系原籍及按临之人设有仇嫌，并宜回避”。[24]正统四年（1439）规定：凡分巡地面系“先曾历任寓居处所，并须回避”。[25]

所有这些原则，构成了一套严密的制度。由此可以看出明朝统治者对差派巡按御史的重视。

2. 巡按御史的职责

御史巡按，使命重大。洪武十六年（1383）八月，朱元璋谕示都察院佥都御史詹徽等人，指出御史巡历郡县，“凡官吏之贤否，政事之得失，风俗之美恶，军民之利病，悉宜究心”。[26]对巡按御史的职责，《明史・职官志》作了概括的叙述：“巡按则代天子巡狩，所按藩服大臣、府州县官诸考察、举劾尤专，大事奏裁，小事立断。按临所至，必先审录罪囚，吊刷案卷，有故出入者理辩之。诸祭祀坛场，省其墙宇祭器。存恤孤老，巡视仓库，查算钱粮，勉励学校，表扬善类，翦除豪蠹，以正风俗，振纲纪。”[27]事实上，除此而外，巡按的职责还要广泛得多。从洪武间所定《诸司职掌》即可看出，御史巡按，举凡地方一切兴废举措皆与之相关，除亲理官吏考察、问理刑名等诸事外，尚要督令有司尽其职守并向明政府反映和汇报地方各方面情况。当然，因具体情况的不同，巡按的职责也常常发生变化。这里，我们择要叙述三个主要方面。

（1）考察举劾官吏

宣德元年（1426）正月，明宣宗在一次与侍臣讨论“理民之道”时指出：“民为国本”，“所赖良有司抚养存恤，庶不至失所。”然而“人之贤否，恒不易知，必任之以事而后可见。”不过，“以今观之，九载而后黜陟，籍使所任非人，民受其弊多矣。今在外有司从巡按御史及按察司官考察，贪婪不律者即纠举之，最为良法。”[28]这里，明宣宗道出了明王朝设置巡按御史的主要原因和目的，从中可以看到明代统治者对巡按御史考察官吏的重视。

起初，巡按御史考察官吏限于府州县官。洪武年间定《诸司职掌》，规定：凡分巡按治州郡，“体知有司等官守法奉公廉能昭著者，随即举奏；其奸贪废事，蠹政害民者，究问如律。”[29]永乐元年（1403）十二月，明成祖谕吏部尚书蹇义及都察院左都御史陈瑛等人说：“为国牧民，莫切于守令。守令贤，则一郡一邑之民有所恃，而不得其所者寡矣。如其不贤，当速去之。盖吏部选授之时，出一时仓猝，未能悉其才行。必考察所行，乃见贤否。其令巡按监察御史及按察司，凡府州县官到任半年以上者，察其能否廉贪之实具奏。”[30]

宣德七年（1432）八月，“命各处巡抚侍郎同巡按监察御史考察方面官”，[31]巡按御史取得了考察方面官的权力。正统十一年（1446），令“布、按司官从御史举劾”。[32]这是一个有重大意义和影响的转折。《大明会典》卷二一〇指出：“国初，监察御史及按察司分巡官巡历所属各府州县，颉颃行事。……迨后按察司官听御史举劾，而御史始专出巡之事”，按察司官员成为承行之官了。

其后，明政府又多次申明巡按御史对方面有司的考察权力，确立了巡按与巡抚会同考察之制。景泰七年（1456），“令巡抚、巡按会同按察司堂上官考察府州县官，其布、按二司官听抚按考察”。弘治八年（1495）奏准：“各处巡抚、巡按会同从公考察布、按二司并直隶府州县各盐运司、行太仆寺、苑马寺等官贤否；如无巡抚，巡按会同清军或巡盐考察；如俱无，巡按自行考察。其布政司、按察司及分巡、分守并知府、知州、知县并司寺正官，各访所属官员贤否，开揭帖送巡抚、巡按以凭稽考。”嘉靖十三年（1534）奏准：“巡按任满，将所属大小官填注考语、揭帖送部。”十九年（1540）题准：“今后抚按官于六品以下有司贪酷不法者，许径自拿问，不待劾奏。”[33] 万历七年（1579），根据御史龚懋贤奏请，允许巡按御史在会同考察之中，若与巡抚意见不和或不尽和，及“巡历地方不时纠劾”，可填注考语，自行具奏。[34] 由此，足见巡按御史对地方官吏的考察权力范围之大，方面有司皆在其考核之列。

上述情况，皆为不时考察和举劾，至于外官朝觐考察，弘治六年（1493）以前，府州县官由巡抚、巡按“报其贤否”，“又参之布、按二司及直隶州郡之长俾究其实”，由吏部会都察院考察。[35] 布、按二司正官，佐贰官三年考满，从都察院考核、吏部复考，巡按御史不能预其事。自弘治六年（1493）朝觐考察后，规定“朝觐之年，先期行文布、按二司考合属。巡抚、巡按考方面，年终具奏行各该衙门立案”。[36] 由此，巡按御史又取得了对方面官考满考察之权。

军事系统官员考察。宣德十年（1435）奏准：“凡在外都司卫所首领官并断事等官，从巡按御史、按察司考察。”正统元年（1436）

议准："各处卫所官员，听巡按御史、按察司照文职事例，一体考察。"[37]成化末年，都御史边镛奏请巡抚、巡按考察各处参将等官。他指出："各处参将等官，其职任与布、按二司文臣相等，文臣有考察之例，而武臣不与，故贪暴日纵。"他要求明政府"令巡抚、巡按每于年终各开武臣贤否揭帖，从兵部奏请考察"。[38]从弘治元年（1488）正月兵部会科道考察武职镇守等官的情况，到弘治四年（1491）三月右都御史白昂陈言考察事宜的奏疏[39]，可知边镛的奏请得到了明政府的采纳。弘治八年（1495），又采纳给事中李举的奏请，"命各边巡抚都御史及巡按监察御史访察将官不职者，会奏处治，仍通具将官贤否实迹奏报，以凭黜陟"。[40]至此，巡按御史又取得了对大小武职官员的考察举劾权力。

（2）问理刑名、审录罪囚

问理刑狱，雪冤理枉，是巡按御史的主要职责之一。《大明会典》言：凡监察御史分巡按治州县，"至按临处所，先将罪囚审录。"所受军民词讼，审系户婚、田宅、斗殴等事，"立限发所在有司追问明白"。若告本府官吏则发布政司，若告布政司官吏则发按察司，若告按察司官吏及申诉各司官吏枉问刑名等项，不许转委，必须亲问。"干碍军职官员随即奏闻请旨"。[41]宣德七年（1432），根据都御史顾佐议请，令各处巡按御史及按察司，遇有巡抚侍郎送到词讼，"其间果系切要重事，则遵敕问理，奏解赴京决遣。如有干碍军职及五品以上文官及当奏之事，则奏请裁决，仍照例申呈都察院"。[42]

正统四年（1439），确立了以巡按御史为核心的会审制度。规定：凡各都司、布政司所属并直隶府州县军民诸衙门问理死罪重囚，直隶由巡按御史与刑部委官、在外由巡按御史会同三司官公同审录处决，“如番异原招、事有冤抑者，即与从公办理。若果冤抑，并将原问审官吏按问”。[43] 会审制度，奠定了巡按御史在地方及直隶司法事务中的尊崇地位。嘉靖十一年（1532），都御史王应鹏在申饬巡抚与巡按官职掌时即指出：“巡按纠察一方之利弊，凡可以肃僚贞度者莫非其责。至若文科之宾兴，武举之抡材，处决重辟，审录冤刑，吏农之参拨，功赏之纪验，则又御史之所独专者，巡抚官不得预焉。”[44]

（3）“宣上德、达下情”

上情下通、下情上达是有效地统治和治理地方的最基本的条件。明王朝派遣监察御史巡按地方，即寄他们以此项重大使命。洪武十年（1377）七月，明太祖朱元璋晓谕前来辞行的巡按御史说：“今汝等出巡，天下事有当言者，须以实论列，勿事虚文。凡为治，以安民为本，民安则国安。汝等当询民疾苦，廉察风俗，申明教化。处事之际，须据法守正，务得民情。惟专志以立功，勿要名以取誉。朕深居九重之中，所赖以宣布条章，申达民情者，皆在汝等。”[45] 正统间，申明宪纲并宪体，宪体的第一条就指出：“风宪为朝廷耳目，宣上德、达下情，乃其职任。所至之处，须访问军民休戚及利所当兴、害所当革者，随即举行。或有水旱灾伤当奏者即具奏，不可因循苟且，旷废其职。”[46] 此后，明政府屡次申饬告诫。如嘉靖九年（1530）正月，都察院右都御史汪鋐条陈巡按约束十二事，前两条即首先强调此项内容。其一，宣德意。汪鋐指出：“皇上励精图治，恩诏屡降而惠不及民，则郡国吏承宣无状所致。御史奉命专察一方，坐视有司慢令而不能诘其罪，又乌可辞也。今后凡诏例所载事宜，责御史督郡国吏加意举行，刻期日而考成焉，诛其虚文相抵冒者。”其二，勤巡历。他指出：“御史必遍历郡邑，然后官吏之否臧、生民之休戚可得而知，宜定为制。自今御史抵任一月以外，不许安驻会城，务出巡历。……虽偏方下邑，必期周到。”[47]可见御史要做到“宣上德，达下情”，就必须勤于巡历，询察吏治民情，督率地方有司执行国家政令。

最后应该指出的是，巡按御史除履行固定的职责外，还享有一定的便宜行事权。如对巡按的军事权力，起初宪纲并没有明确规定，然而在镇压农民起义过程中，他们常常积极参预并发挥较大作用。故至嘉靖十二年（1533）九月，都察院左都御史王廷相等奉诏申饬宪纲，即将“巡察盗贼”一项续列其中，规定：“按巡境内，一遇盗贼生发，即当广布方略，便宜剿捕。”[48]此外，在没有巡抚或巡抚偶缺的情况下，巡按还可以代行巡抚之责，得以便宜处置。[49]

3. 回道考察

回道考察，是御史巡按制度的重要组成部分之一。巡按御史差满回京，由都察院堂上官考察，称职者具奏管事，不称者奏请罢黜。明代巡按御史回道考察制度，经过了一个逐步完善的过程。至嘉靖十三年（1534），制定了《巡按御史满日造报册式》，共三十九项，要求巡按御史按规定据实开报。如荐举过文武职官若干员，须指出其廉勤公谨实迹，不得用笼统考语塞责；纠劾过文武职官若干员，要开报各官污滥奸佞罢软等实迹。据此造册呈都察院，以凭考察。[50]

注释：

[1]《大明会典》卷二一〇,《都察院二・奏请点差》言：差分三等，除辽东、宣大、甘肃三处为中差外，其它各处及十三布政使司巡按俱为大差。《续文献通考》卷八九《职官考》言："凡差三等，点差上两人，奏差上一人，札差不请上。诸差巡按为要。"

[2]《明太祖实录》卷四三，洪武二年七月癸丑条。

[3]《明太祖实录》卷四八，洪武三年正月甲午条。

[4]《大明会典》卷一三，吏部十二,《举劾》。

[5]《明史》卷二,《太祖本纪二》。

[6]《春明梦余录》卷四八,《都察院》。

[7]《明太祖实录》卷一五〇，洪武十五年十一月戊辰条。

[8]《明太祖实录》卷一五三，洪武十六年三月壬申条。

[9]《明史》卷七五,《职官四》。另据《明太祖实录》卷一五三，各府州县提刑按察分司试佥事"皆以秀才为之","所行多违戾"，故于洪武十六年三月罢置。

[10]《明太祖实录》卷一五六，洪武十六年八月甲戌条。

[11]《明太祖实录》卷一八九，洪武二十一年三月己亥条。

[12]《明太祖实录》卷二〇三，洪武二十三年八月己巳条。

[13]《明太祖实录》卷二二一，洪武二十五年九月乙酉条。另《明太祖实录》卷二四七，洪武二十九年十月甲寅条："改置天下按察分司为四十一道"，直隶六道的名称有所变化：淮西道、淮东道、苏松道、建安徽宁道、常镇道、京畿道，仍以监察御史分巡。

[14]《明史》卷六,《成祖本纪》。

[15]《明宣宗实录》卷二五，宣德二年二月甲申条。

[16]《明宣宗实录》卷五九，宣德四年十月乙酉条。

[17] 参见《明英宗实录》卷六〇，正统四年十月庚子条及《大明会典》卷二一〇《都察院二·出巡事宜》。

[18][20]《大明会典》卷二一〇，都察院二，《奏请点差》。

[19] 孙丕扬《恳乞圣明酌举台章旧体以图澄清疏》，《明经世文编》卷三七九《陈孙二公奏疏》。

[21][22]《明史》卷七三，《职官二》。

[23][25]《大明会典》卷二一〇，《都察院二·奏请点差》《出巡事宜》。

[24]《诸司职掌·都察院》。

[26]《明太祖实录》卷一五六，洪武十六年八月甲戌条。

[27]《明史》卷七三，《职官二》。

[28]《明宣宗实录》卷一三，宣德元年正月癸丑条。

[29]《诸司职掌·都察院》。

[30]《明太宗实录》卷二六，永乐元年十二月丁亥条。

[31]《明宣宗实录》卷九四，宣德七年八月庚子条。

[32]《明英宗实录》卷一四〇，正统十一年四月丁巳条。

[33]《大明会典》卷一三，吏部十二。

[34]《明神宗实录》卷八六，万历七年四月乙未条。

[35]《明孝宗实录》卷九九，弘治八年四月壬戌条。

[36]《大明会典》卷一三，吏部十二。

[37]《大明会典》卷二一〇，都察院二，《出巡事宜》。

[38]《明孝宗实录》卷九，弘治元年正月己未条。

[39]《明孝宗实录》卷四九，弘治四年三月丁酉条，载都御史白昂言："今

天下文武官员黜陟，皆以巡按御史所报贤否为据，使闻见不公，举措失当，为误非小。其令各处御史督令都、布、按三司并府州正官将本处大小文武官，务秉至公尽心访察以求其实。文职不计崇卑，武职有异才可为边将者，则虽末官亦录。若所举之公与不公，则责之御史，有不公者罚之。如此，则文武百官贤否，朝廷考察去留，皆天下之公论而非一人之私矣。”

[40]《明孝宗实录》卷九八，弘治八年三月丁未条。

[41]《大明会典》卷二一〇，都察院二，《出巡事宜》。

[42]《明宣宗实录》卷八九，宣德七年四月壬子条。

[43]《大明会典》卷二一一，都察院三，《审录罪囚》。

[44]《明世宗实录》卷一四五，嘉靖十一年十二月甲戌条。

[45]《明太祖实录》卷一一三，洪武十年七月乙巳条。

[46]《大明会典》卷二一〇，都察院二，《出巡事宜》。

[47]《明世宗实录》卷一〇九，嘉靖九年正月乙卯条。

[48]《明世宗实录》卷一五四，嘉靖十二年九月辛丑条。

[49] 参见《明世宗实录》卷一四五，嘉靖十一年十二月甲戌条都御史王应鹏申饬抚按职掌，《明世宗实录》卷四〇八，嘉靖三十三年三月辛酉条御史徐栻的奏疏。

[50]《大明会典》卷二一一，都察院三，《回道考察》。

第二节　御史巡按与地方治乱兴衰

派遣监察御史出巡按治地方，是明王朝加强地方管理的重要手段，是实现对地方有效治理的重要途径。在对御史巡按制度作了概括的叙述之后，下面，就巡按御史与明代地方治乱兴衰的关系展开具体考察。在此基础上，讨论一下明代御史巡按制度的得与失。

一、御史巡按与地方建设的几个重要方面

1．“宣上德，达下情”，发挥联系中央和地方的纽带作用

巡按御史是中央官员，作为耳目之官，“代天子巡狩”，他们亲历郡县，威重令行，因此可以发挥督率地方有司认真执行国家政令法规，优化地方治理，安定社会和民生的作用。另外，他们又可以及时汇报与国计民生相关的重大问题，使明政府可以根据各地实际情况及其变化，相应地调整统治政策。

（1）反映民间疾苦，督令有司安定民生

在封建剥削制度下，广大劳动人民辛勤劳作，却常常过着衣不蔽体、食不果腹的生活，若遇灾荒岁月，更是在饥饿和死亡线上挣扎。明代御史巡按，负有询察民生疾苦的使命。许多巡按御史，能够及时地反映人民群众生活的艰苦情况。洪武二十二年（1389）六月，监察御史许圭巡按河南，他上疏说，“自开封、永城至彰德，春夏旱暵，麦苗疏薄，农民所收无几”，建议减半征收夏税。于是，明太祖下令“命有司赈贷，仍蠲其税”。[1]宣德三年（1428）十月，巡按山西监察御史沈福言：“泽州、沁水、蒲灵石等处八月早霜，禾

稼不实，民食艰难，皆采拾自给”。明宣宗随即下令行在户部议行赈恤。[2]成化年间，王嵩巡按江右，“会时饥，人多展转死”。王嵩说：“救饥恤困，势不可缓。若待取勘，事无及矣。”遂“令郡县长吏发廪赈之，所活甚众。”[3]万历年间，傅好礼巡按浙江，“岁大侵，条上荒政”。“行部湖州，用便宜发漕折银万两，易粟振（赈）饥民”。[4]凡此种种，不胜枚举。

对维护封建统治来讲，“国以民为本，民安则国安”，是最基本的道理。故凡是比较开明的统治者，都要反复要求地方官吏关心民瘼，注重民生疾苦。[5]然而在许多情况下，地方牧守官员往往出于个人的考虑，将民生疾苦隐瞒不报，或大事化小，明代也是如此。为了监督纠察有司的不职行为，置按察司以为耳目之寄。但他们久驻地方，与方面郡守情熟意通，也往往“坐视民病而不留意”。如永乐初年，河南频年遭受水、旱、蝗灾，“民所收有十不及四五者，有十不及一者，亦有掇草实为食者”。“有司匿不以闻，又有言雨旸时若，禾稼茂实者，”按察司官也“未尝有一人言者”。[6]对于这类情况，如前所述，巡按御史常常能向明政府如实反映，或采取相应的措施安定民生，解民于倒悬之苦。所以不能忽视他们在这方面所起的积极作用。

对虐害百姓之苛政、弊政，巡按御史也常常奏请革除。宣德间陈祚巡按福建，“福州属县民苦上官和买，破产不足供”。陈祚察知其弊，“即日禁之，民称大快”。[7]景泰初，倪敬巡按山西，“时有入粟补官令”，遂奏罢之；按福建，“奏罢诸司器物滥取于民者”。[8]正德年间，张士隆巡按凤阳，当时“织造中官史宣列黄梃二於驺前，号为‘赐棍’，每以挟人，有至死者，自都御史以下莫敢问，士隆劾奏之”。[9]

（2）提出建设性意见，以便明政府调整统治政策和兴利除弊

巡按御史巡历郡县，耳闻目睹，对明王朝各项政策和举措在地方的实施情况，有着具体而深刻的认识；对何利当兴，何弊当革，亦可了如指掌。故他们常常能够提出一些切实可行的建设性意见，以便于明政府调整和完善统治政策。

明初，尊崇武职，武官专横跋扈，卫所官员往往凌辱府州县官。如“福建都司所辖各卫官，每府官过卫门，或道路相遇，怒府官不下马，甚至鞭辱仆隶。及各卫千户所遇有公务，不申本卫，径令有司理办。少或不从，辄诃责吏典”。针对此种情况，巡按御史周新奏请府卫官相见均礼，其千户所之公务，不许径移文府县，也不许凌辱有司官吏。[10]他的建议，得到了批准，这大大抑制了武官的暴虐气焰，“武人为之戢”。[11]永乐二年（1404），周新巡按北京。当时北京所属吏民有犯徒流者，允许“免罪就发北京民稀处种田”。然而监候详拟，往复数月，许多人死于狱中。周新奏请，今后犯徒流者，“悉从北京行部或巡按详允，就发种田”，明成祖表示赞同，“且命北京百姓有犯应决者许其收赎”，燕民大悦。[12]永乐六年（1408），陈敏巡按云南，他上疏指出，自洪武中，云南已设立学校，教养生徒，“今郡县诸生多有资质秀美、通习经义者，宜如各布政司，三年一开科取士”。又指出云南郡县学教官，多用士人，学问肤浅，不称师范，“宜别选用经明行修之士，庶几教养有法”。这两个建议都被采纳。同年，巡按福建监察御史张翥上疏，陈言缘海卫所为番人往来要冲之地，守御指挥“丘荣、高祥、柏英等俱袭职幼官，年未二十，未知防御克敌之方”，恐外夷窥伺，边民受害。于是明政府根据他

的奏请，令幼官居内地操习，“别选老成精锐者代之”。[13] 景泰三年（1452）六月，巡按福建御史许仕达疏奏福建布、按二司分守巡地方官员，“多有年久不易，与所属官吏情熟，恣意妄为”。提议守巡官“宜听镇守、巡抚、巡按官岁一更委。如有故违，许巡按御史执问，具闻降用”。所奏事理重大，其议切实可行，即被获准。[14] 应该强调指出的是，在嘉、隆年间，巡按御史潘季驯、庞尚鹏、蔡克廉等人，根据各地赋役不均的严重情况，倡行赋役改革，意义重大。此点在本编第一章第五节已经谈到，此不详述。

从上述可知，巡按御史作为耳目之官，出巡按治地方，询察民生疾苦，建议兴革，确实能够起到联系中央和地方的纽带作用，但这只是问题的一个方面。明中期以后，随着明王朝的统治走向腐朽，他们的建议往往不被采纳。正德十三年（1518）十一月，巡按直隶监察御史陈杰奏凤、庐、扬、淮等府及滁、徐等州遭受特大水患，人民流徙死亡不计其数。官府名义上虽发仓赈贷，但“污吏日滋侵冒无禁，穷乡父老闻朝廷赈贷携扶入城，守伺月余，反鬻及儿女，恸哭以归”。况且“今一应常赋曾不得免，其他无名之需纷然杂出。部檄督于上，有司急于下，剥肤椎髓而莫之恤。丁尽而户存，田亡而粮在，方议赈之，寻复取之，与之仅升斗，而取之尽锱铢”。据此，他指出，“为今之计，不必与之，惟在勿取之而已”。“乞敕该部凡被灾地方未征钱粮，小民拖欠者，暂皆停止；全灾者毋拘三分常例，悉与蠲除。仍谕抚按诸臣严督郡县，务以安养生息为事。有犯科克赃私者，罪不止于罢黜，则未死遗黎或有所望也。”他的奏疏，事关重大，切中时弊，并亟待实行，但却未得到明政府的批准。[15] 不仅如此，有些还因此而招祸。如正德十二年（1517），王相巡按山东，镇守中官黎鉴假进贡之名，苛敛百姓，王相“檄郡县毋辄行”。被黎鉴“诬奏于朝，逮系诏狱，谪高邮判官，未几卒”。[16]更为严重的是，有些巡按玩忽职守，骚扰地方，凌辱有司，“只作威福以耸观听，罔事咨询以察下情”。[17]这样，民生疾苦自然不能如实地反映上来，中央政令也不能很好地贯彻下去，巡按一职，反倒成为中央和地方联系的障碍了。

2. 考察举劾官吏，为一方吏治之所系

巡按御史享有考察举劾官吏的权力，差出按治一方，若真正做到按宪纲的要求行事，奉公尽职，考察唯公，举劾得当，就能够使贤能者劝，奸贪者惧。这样，百官有司得以激扬，一方吏治为之清肃。有明一代，特别是明初，确实有许多巡按御史举廉劾贪，惩治不法，具奏保留勤政爱民的官员，为地方吏治建设做出了较大贡献。宣德六年（1431），苏州府知府况钟丁忧去职，“民上请乞还”。[18]巡按监察御史金濂上疏，奏言况钟“公正勤能”，在任“奸弊尽革，民赖以安”，要求允许他“夺情起复”。明宣宗遂令况钟复任。[19]正统十一年（1446），王琳巡按浙江。当时绍兴府通判白玉“佐府年久”，“公勤廉干”，其属县民众二千八百余人告保。王琳查实后荐举于朝，遂升白玉为绍兴知府。[20]宣德年间，御史黄润玉巡按湖广，弹击贪残，“斥两司以下不职者百有二十人”。[21]马谨巡按浙江等地，“所至克振风裁，贪猾屏迹”。当时大学士杨士奇辅政，“知其廉介，特赠之诗至以冰霜铁石比之，时以为确论”。[22]正统间，韩雍巡按江西，“黜贪墨吏五十七人”，[23]“所至望风解绶”。[24]天顺时，御史陈选在江西，“尽黜贪残吏”。时人誉称：“前有韩雍，后有陈选。”[25]诸如此类，可见御史巡按确实可以收到整肃吏治的作用。

但这只是事情的一面。明前期，统治者注重吏治建设，[26]这为巡按御史致力于地方吏治创造了一个有利的政治和社会环境。同时，又注意对巡按严格要求和约束。如宣德六年（1431）五月，即申明御史巡按有司迎送之禁。[27]所以，这一时期，巡按御史考察举劾基本上能做到允合公论，其成效也比较大。明中期以后，也就是到了前述腐化期之后，随着整个封建统治走向腐朽和反动，巡按御史对官员考察举劾也出现了许多问题。如上节所述，正统以后，巡按和巡抚完全操纵了地方官员的考察权，其权力越来越大，日益腐败的明政府也拿不出什么切实可行的措施，保证巡按御史正常行使这种职能。相反，对他们既不能像以前那样慎选于前，又不能严核于后，“都察院奏遣，徒取循次；回道考察，只具虚文”。[28]于是，他们掌握的考察举劾官吏之权，反倒成了他们擅作威福、谋求私利的资本。其问题主要表现为考察不实与举劾不公两大方面。

（1）考察不实。巡按御史考察官吏，须遍历郡邑，“广询密访”，“毋惑于一偏，毋胶于一节，毋搜求细事而罗织深文，毋独任己私而昧于公是”，方可知其廉贪否臧。[29]然而，他们常常安驻会城，不亲巡历，假手他人，“以进士、推官、知县有科、道之望，乃曲为庇护，引为私人，阴授以廉访之柄”，[30]有时这些所委官员也不亲察。嘉靖间王邦直指出：“风宪不能以自知也，而惟取之于委官；委官不能以自知也，而复凭之于吏卒。毁誉多出于爱憎之口，伪妄率由于体访之疏。”[31]更有甚者，随着整个官场的腐败，贿赂公行，请托成风，巡按御史在考察中徇私舞弊，任情高下。万历年间丘橓上疏，指陈当时巡按御史受请托的情况：“御史巡方，未离国门，而密属之姓名已盈私牍；甫临所部，而请托之竿牍又满行台”。[32]致有“前考已称衰老，复注强壮”，饰非以为是，“摹拟无能则曰长厚，摹拟衰迈则曰老成”，[33] 间有讲求实迹不务奔走之人，“或以刚直见忤，或以悃幅启侮，多置之下等”。[34]

（2）举劾不公，有三种情形：一、因循苟且，不究实迹。这一项将在下面讨论。二、不务劝诫之实，唯出身资格是凭。丘橓论及此弊，指出：“荐举纠劾，所以劝儆有司也。今荐则先进士，而举监非有凭藉者不与焉。劾则先举监，而进士纵有訾议者罕及焉。”[35] 隆庆时，贾三近也疏奏：“抚按诸臣遇州县长吏，率重甲科而轻乡举。同一宽也，在进士则为抚字，在举人则为姑息。同一严也，在进士则为精明，在举人则为苛戾。”[36] 三、徇情滥举妄劾，乐于市恩而重于任怨。嘉靖二年（1523）十一月，吏部向明世宗奏称：“近抚按官举劾，多任己意，或滥及匪人，或追求细故。纠劾之词，取足排偶，有直指一事即盖终身。”[37] 五年（1526）十二月，福建道御史朱豹，疏陈修省十事，其中指出：“抚按举劾多徇私任意，贤能者未必举，所举或及污婪，鳏旷者未必劾，所劾或加良直。”[38] 十二年（1533）八月，都察院左都御史王廷相也指陈举劾之弊，“近所奏荐，不问人品高下，心迹真妄，第取趋承供张之便给者以为能，至所论劾，类以一二质讷少文者塞责，其奸贪巨蠹，即以私意掩之”。[39] 四十五年（1566）九月，吏部尚书胡松也指出：“比来抚按官举劾，往往徇私市恩，无为国任怨之忠。每举已虑数十人，每人无虑数十语，且多以升任行取及年浅者掇名于前。及其所劾者，则犯赃亦逮治矣，而止拟以降调罢软，及贪残宜罢闲矣，而止拟以改教。”[40] 明中后期考察举劾之弊大体如此，而且越到后面情况愈加严重。崇祯元年（1628）九月明思宗的谕告中指出，巡按御史及其他有“察吏之责”的官员，率“皆膏肓积习，倒置官评，乐逢媚之可亲，仇清白之异已，抑或猥徇情面，姑示调停，科甲正官虽贪残尚从宽典，明经郡佐即弹劾仅取备员。甚者决裂堤防，弁髦风宪，巡访而贪沉湎，拥传而繁征求”。[41] 此时，积弊已深，难以纠正了。

考察不实与举劾不公直接导致了地方吏治的败坏。巡按御史擅作威福，“官属之善奔走者有过而辄获包容，其稍知持重者有善而遭斥辱”。[42] 这样，百官有司营求逢迎之不暇，谁还留意于政事？万历二十五年（1597）七月，明神宗下诏大赦天下，其中就谈到当时司道官为应酬抚按官员，常常“借视听于窝访，取私费于官库”。司道官员如此，府州县官当可想而知。这样，遂使“贪官污吏有恃无忌，收征则增加火耗，更添劝借名色；听断则无端株连，惟求赃罚充盈”。[43] 官箴尽废，吏治一团糟。赵冀说：“嘉、隆以后，吏部考察之法徒具虚文，而人皆不自顾惜，抚按之权太重，举劾惟贿是视，而人皆以贪墨奉上司，于是吏治日偷，民生日蹙，而国亦遂以亡矣”，[44] 可谓得其肯綮。

3. 弹击不法，问理刑名，为一方法治之所关

御史巡按，担负着抑豪强、击贪残、雪理冤抑的使命，对一应军民词讼，果有冤抑，须责成有司理问，事关重大者亲自审理。正统四年（1439），以巡按为核心的会审制度的确立，更奠定了巡按御史在地方司法事务中的尊崇地位（上节已述）。此外，对官吏豪强中贪残暴虐的不法之徒，巡按御史或参奏请旨，或径自拿问。如天顺元年（1457）奏准：“每年巡按御史将司府州县见任官员从公诘察”，“贪污不法者就便拿问”。嘉靖二十一年（1542）规定：“御史出巡，务要痛革淫刑，严惩酷吏，如用酷刑及打死无辜者，密拘

尸属审实，六品以下径拿，五品以上参题，俱照律例重治。巡按满日，将问过酷吏名数开报，若御史自行酷虐及纵庇不究者，回道考以不职。”[45]

首先应该指出，明王朝派遣巡按御史，对维护地方法治发挥了一定作用。其主要表现为两个方面。

第一，纠弹惩治贪残违法的有司官吏，整饬法治环境。监司牧守，掌有一定的司法权力。他们有的人玩忽职守，以权谋私，知法犯法，这是造成地方法治败坏的根本原因。对他们贪残不法行为进行制裁，是澄清地方法治的前提条件。正统三年（1438），江西按察司佥事夏时曾上疏指出，“今之守令冒牧民之美名，乏循良之善政，往往贪泉一酌而邪念顿兴，非深文以逞，即钩距是求。或假公济私，或诛求百计，经年置人于犴狱，滥刑恒及于无辜，甚至不任法律而颠倒是非、高下其手者有之，刻薄相尚而避己小嫌入人大辟者有之。不贪则酷，不怠则奸。或通吏胥以贾祸，或纵主案以肥家。殃民蠹政，莫敢谁何。遂使枉者含冤于囹圄，结愤于桎梏，其伤和气、乖国宪莫此之甚”。他要求“令巡按御史、按察司官躬诣所部，点视罪囚，有冤滞者即为辩释，仍逮违枉官吏悉问如律”。[46] 由此可见风宪官员对惩治贪官污吏的责任之重，而巡按御史“代天子巡狩”，其使命更为重大，况其本身对不法官员就是一种强大威慑力量。在现实中，确实有许多巡按御史在弹击不法官吏方面，发挥了重大作用。如弘治末，包泽巡按湖广，“兢兢执法，奏罢藩臬不职者，郡县官凡自揆无状，辄望风解印绶”。[47] 此类情况前已述及，兹不赘述。在惩治不法官吏的同时，他们还秉公执法，为民雪冤。如陈选巡按四川，“雪死囚四十余人”。[48] 于谦巡按江西，“雪冤狱数百”。[49] 正统间，白圭巡按山西，“辨疑狱百余”。[50] 凡此种种，不胜枚举。

第二，纠治权豪势家，拔掉影响地方法治建设的钉子。在明代，除有司官员贪虐害民外，还有一些权豪势家如藩王、权臣、贵戚、镇守或出使中官等，凭借政治上的特权，作威作福，欺压百姓。这些势力是整饬地方法治的最大困难和阻力。对此，地方官常因畏怯而无可奈何，但巡按御史敢于和他们作斗争，打击其嚣张气焰。景泰间，倪敬巡按福建，镇守内臣戴细保贪横，遂具奏劾治其罪。明代宗“召细保还，命敬捕治其党，吏民相庆”。[51] 弘治时，包泽巡按湖广，“诸王府侵田，咸勒而归之民”。“时有参将赵升者，善欢显贵人，尝杖杀戍士，夺民园舍，显贵人无敢发。闻（包泽）至，密以万金为赂，麾之而悉按以法”。“太和宫巨珰齐姓者，怙宠徼福，四张渔猎，闻（包泽）按部，辄戢其下曰：毋纵！阎罗包老擒汝矣。”[52] 嘉靖四十二年（1563），颜鲸巡按河南，“伊王典楧怙恶，久结掖廷中官、严嵩父子，内外应援，所奏请立下，爪牙率矿盗”。颜鲸遂和巡抚都御史胡尧臣劾其十大罪状，朱典楧被废为庶人，“两河人鼓舞相庆”。“景王之国，越界夺民产为庄田，鲸执治其爪牙。魏国公侵民产，假钦赐名树碑为界，鲸仆其碑，戍其人”。[53] 诸如此类，巡按御史对抑制豪强势力，维护地方法治，做出了很大贡献。

但是，在封建专制及特权政治下，巡按御史难以真正做到秉公执法。宣德六年（1431），巡抚侍郎赵新即上疏指出：“巡按御史、按察司职居风宪，所获奸贪官吏、豪横军民解发至京，彼皆愤恨，辄兴词诬告，陷以赃私，法司不审虚实，即准提对，风宪受诬，顽猾得志。”[54] 凡此等等各方面因素，造成了巡按御史敷衍苟且者荣禄兼收、秉持风节者祸难并至的局面。特别是随着明王朝统治走向腐朽和反动，更给巡按御史办理司法事务带来了重重困难和阻力。成化年间，郑巳巡按陕西，“时勋贵出镇，纨绔子弟怙势凌下，监司莫敢问。巳捕而杖之滨死，实勋贵人亲弟也。乃谋中之”，郑巳遂被谪戍宣府。[55] 正德年间，刘天和巡按陕西，“时中贵人廖堂镇陕”，“贪横甚，其弟鹏为锦衣卫指挥使，相因缘为奸”。刘天和“榜堂不法事”，又“廉得堂左右数人下狱”。廖堂“阴从弟鹏关节幸臣钱宁”，刘天和遂被逮下狱，后降为金坛县丞。当时，因此事被降用的还有巡按御史王廷相等。[56] 如此，巡按御史何以锄奸去暴、整饬法治？

更严重的，是巡按御史自身滥用职权，执法违法，更是极大地败坏了地方法治。审刑断狱，或“法外滥罚，动逾千百金”，[57] 或不亲听断，转委他官；或酷加拷掠，固执偏见。[58] 甚者贪赃枉法，恣行无忌。如崔呈秀巡按淮、扬，赃污狼藉，纵容包庇不法官吏。[59] 如此，地方法治之废弛可想而知。

二、御史巡按制度的得失

明初统治者取法汉唐制度，尤其是汉代刺史察州之制，[60] 经过几十年的酝酿、斟酌，建立了独具特色的御史巡按制度。之后，又不断地补充新的内容。其特点主要有下面几个方面：一、体系完整。从选派点差、明确职权范围到回道考察，都有相应的规定或制度。仅就点差一项，其资格和点差方式、分巡回避、数额和时限，都是很明确的。二、巡按御史势尊权重，职权很大。三、岁一更代。这是明代御史巡按制度最值得肯定的一点。孙承泽指出：“御史巡按，岁一更代，正以防上下稔情之故。”[61]顾炎武对之更为赞许，他说，御史巡按，其善者在一年一代，“夫守令之官不可以不久也，监临之任不可以久也，久则情亲而弊生，望轻而法玩，故一年一代之制，又汉法之所不如”。[62]

但是，明代御史巡按制度，也存在着很多弊端，早在其形成过程中，就有人对其提出疑义或批评。永乐十九年（1421），邹缉上疏，指出当时“贪官污吏，遍布内外，剥削及于骨髓。朝廷每遣一人，即是其人养活之计。虐取苛求，初无限量。有司承奉，惟恐不及。间有廉强自守、不事干媚者，辄肆谗毁，动得罪谴，无以自明”。[63]邹缉之言，是针对所有使臣而言的，当然巡按御史也不例外。实际上，明代巡按贪赃旷职问题一直存在，且愈演愈烈（此类情况前已述及）。永乐二十二年（1424），大理寺右少卿弋谦上言：“监察御史分巡外服，考核有司，柔弱者或失之姑息，刚毅者或过于勇猛；徇私是昧非之心，偏听失举措之当；颠倒是非，变乱黑白。欲得其情，岂不难哉？”他请求明仁宗“访求大臣，或令监察御史互相保举，不拘六部六科，务得廉勤老成之士，授以询察考核之方”。[64]这实际上否定了御史巡按。宣德六年（1431）五月，明政府申明御史巡按有司迎送之禁，在对都御史顾佐的谕示中，明宣宗指出了巡按御史擅作威福、不守礼法之弊：“风宪官须守法乃能以法治人。今御史多轻薄少年，不以礼法自治，喜人谀佞。苟失迎送，辄生事挫辱。在外官亦不能自执礼法，谗佞成风。”[65]

御史巡按制度，对明代社会造生的消极影响是多方面的。在此，择要述其两点。

1. 巡按御史威权太重，侵越地方有司甚至巡抚都御史职掌，导致地方政治废弛

明正统以前，御史巡按制度尚处于形成过程中。当时重布、按之任，巡按御史出巡，其职责主要还在于询察民情、查革奸弊，尚未有严重侵越有司职掌的现象。至正统以后，随着该制度的正式确立，取得了对包括布、按二司在内的所有地方官吏的考察举劾权，原来负有地方监察纠劾之任的按察司官员，成了承行之官。会审制度，更给以他们在地方法律事务中的尊崇地位。巡按御史奉皇帝之命巡按一方，如今又掌握了地方法、政大权，威权甚重，有司官吏唯命是从，这样，就自然而然地造成了地方官失职的现象。不仅如此，他们对巡抚都御史也有很大的牵制力量。胡世宁曾指出："巡按秉权太重，行事太过"，"藩臬守令皆不得专行其职，而事皆禀命于巡按矣。甚者巡抚固位者，亦不敢专行一事，而承望风旨于巡按矣。""于审刑议事、考察官吏之际，与夺轻重皆惟巡按出言，而藩臬唯唯承命，不得稍致商榷矣"。[66] 万历间管志道也说："巡按不知大体，而好揽诸司之权，凡百大小刑名俱令申详定夺。"又说："今宪臣督责有司自迎送参谒之外，不过征钱粮、理词讼而已，有司方救过弥缝之不暇，奚暇及生民远图？"[67] 如此，地方政事岂有不废弛败坏之理！

汉制，"凡事皆属二千石，刺史纠弹不法，事犹治也"。明人冯琦认为，"事事皆关白直指（巡按御史），则直指反身在事内，非纠察之旨"。[68] 此为明代御史巡按制度之一失。

2. 巡按御史与总督巡抚都御史职掌划分不明确，故在处理具体事务中，或相牴牾引起告讦之弊，或不负责任失于雷同苟且

明代，对巡按御史和总督巡抚都御史并没有严格区别划分两者的职责。万历初年，御史龚懋贤言："巡抚都御史以抚安地方之军民，巡按御史以纠察一方之利弊，职掌所载，虽各有所重，而事相关涉亦难尽分矣。"[69] 职掌不明，一方面导致常常发生告讦之事。如弘治二年（1489），湖广巡按御史姜洪与总督漕运都御史秦纮，因公事文移相激，"纮批词云：会湖广经历司转呈巡按监察御史姜洪照详施行。洪亦批云：布政司星驰差人咨禀淮安总督漕运官早行处置，毋致临期有误国用"。于是，秦纮奏姜洪越礼不逊，刑科给事中参奏秦纮纷扰自伤大体。[70] 如此，便贻误了政事。另一方面，不负责任，因循苟且。如考察举劾官吏，由巡按御史会同巡抚都御史举行，彼此往往迁就雷同。万历间陆光祖指出："有巡抚明知其不肖，以巡按庇护而不得不荐；有巡按明知其不肖，以巡抚推毂而不得不荐"。[71] 崇祯三年（1630），吏科给事中祝世美上言，抚按强求一致，嫌于立异，故纠劾官吏，"劾于抚者即劾于按，劾于按者仍劾于抚。重见叠出，苟且了事，殊非法体！"[72] 如此不负责任，苟且妄为，举劾岂不失宜！

我们讨论明代御史巡按制度的弊端，并非全盘否定巡按御史的作用。如前所述，有很多巡按御史询察民情，恤民隐，雪冤抑，兴利除弊，对地方建设做出了重大贡献。但从制度上去审视，作为明代极端专制主义的一个组成部分，御史巡按制度本身存在着许多致命的缺点，其积极方面不占主导地位。

注释：

[1]《明太祖实录》卷一九六，洪武二十二年六月戊午条。

[2]《明宣宗实录》卷四七，宣德三年十月乙巳条。

[3]《国朝献征录》卷六〇，《都察院右副都御史王嵩传》。

[4]《明史》卷二三七，《傅好礼传》。

[5] 参见《明仁宗实录》卷四上，永乐二十二年十一月明仁宗对监察御史汤荧等人的谕令。

[6]《明太宗实录》卷二五，永乐元年十一月庚申条；卷六七，永乐五年五月辛未条。

[7]《国朝献征录》卷九〇，《福建按察司佥事陈公祚墓表》。

[8]《明史》卷一六二，《倪敬传》。

[9]《明史》卷一八八，《张士隆传》。

[10]《明太宗实录》卷一九，永乐元年四月壬申条。

[11]《明史》卷一六一，《周新传》。

[12]《明文海》卷三八七，《周宪使传》。

[13]《明太宗实录》卷七八，永乐六年四月丙申条，乙巳条。

[14]《明英宗实录》卷二一七，废帝郕戾王附录第三十五，景泰三年六月甲子条。

[15]《明武宗实录》卷一六八，正德十三年十一月辛亥条。

[16]《明史》卷一八八，《王相传》。

[17]《明世宗实录》卷一五三，嘉靖十二年八月癸酉条左都御史王廷相条陈考察差回御史事项。

[18]《国朝献征录》卷八三，《苏州府知府况钟传》。

[19]《明宣宗实录》卷七九，宣德六年五月甲子条。

[20]《明英宗实录》卷一四〇，正统十一年四月乙卯条。

[21]《明史》卷一六一，《黄润玉传》。

[22]《国朝献征录》卷六〇，《都察院左副都御史马公瑾传》。

[23]《明史》卷一七八，《韩雍传》。

[24]《国朝献征录》卷五八，《都察院右都御史韩公雍墓志铭》。

[25]《明史》卷一六一，《陈选传》。

[26]参见赵翼《廿二史劄记》卷三三，《明初吏治》。

[27]参见《明宣宗实录》卷七九，宣德六年五月己巳条。

[28]《明世宗实录》卷一〇七，嘉靖八年十一月庚子条，吏科给事中刘世扬条陈八事之第七。

[29]《明世宗实录》卷一〇九，嘉靖九年正月乙卯条。

[30]《明穆宗实录》卷六八，隆庆六年三月辛卯条。

[31]王邦直《陈愚衷以恤民穷以隆圣治事疏》，《明经世文编》卷二五一。

[32][35]《明史》卷二二六，《丘橓传》。

[33]陆光祖:《复湖广巡抚李祯肃吏治以奠民生疏》，《明经世文编》卷三七四。

[34]管志道:《直陈紧切重大机务疏》，《明经世文编》卷三九九。

[36]《明史》卷二二七，《贾三近传》。

[37]《明世宗实录》卷三三，嘉靖二年十一月壬申条。

[38]《明世宗实录》卷七一，五年十二月辛酉条。

[39]《明世宗实录》卷一五三，十二年八月癸酉条。

[40]《明世宗实录》卷五六二，四十五年九月甲午条。

[41]《春明梦余录》卷四八，《都察院》。

[42]《明孝宗实录》卷七七，弘治六年六月丁卯条。

[43]《明神宗实录》卷三一二,万历二十五年七月丁酉条。

[44]《廿二史劄记》卷三三,《明初吏治》。

[45]《大明会典》卷二一〇,《都察院二・出巡事宜》。

[46]《明英宗实录》卷四〇，正统三年三月乙巳条。

[47]《国朝献征录》卷六五，张时彻:《云南道监察御史东川包公泽墓碑》。

[48]《明史》卷一六一,《陈选传》。

[49]《明史》卷一七〇,《于谦传》。

[50]《明史》卷一七二,《白圭传》。

[51]《明史》卷一六二,《倪敬传》。

[52]《国朝献征录》卷六五，张时彻:《云南道监察御史东川包公泽墓碑》。

[53]《明史》卷二〇八,《颜鲸传》。

[54]《明宣宗实录》卷七六，宣德六年二月庚申条。

[55]《国朝献征录》卷六五,《监察御史郑巳传》。

[56] 王一鸣:《刘庄襄公列传》,《明文海》卷三八八。另参见《明武宗实录》卷一〇八，正德九年正月戊子条。

[57]《明世宗实录》卷五六五，嘉靖四十五年十一月丙子条，都察院左都御史王廷陈言六事之三“慎刑狱”。

[58] 参见《明世宗实录》卷一〇九，嘉靖九年正月乙卯条，都察院右都御史汪鋐条陈巡按约束十二事之七“亲听断”。

[59] 参见高攀龙:《纠劾贪污御史疏》,《明经世文编》卷四九四。

[60]《明史》卷七二,《职官一》言:“明官制，沿汉唐之旧而损益之”。《明经世文编》卷二三六，孙升:《新建巡按顺天察院记》言:“皇明建官，既则周典，而按部之制，犹采汉仪”。

[61]《天府广记》卷二三,《都察院·事典》。

[62] 顾炎武著、黄汝成集释:《日知录集释》卷九,《部刺史》。

[63]《明史》卷一六四,《邹缉传》。

[64]《明仁宗实录》卷五下，永乐二十二年十二月癸丑条。

[65]《明宣宗实录》卷七九，宣德六年五月己巳条。

[66] 胡世宁:《胡端敏公奏议·守令定例疏》,《明经世文编》卷一三六。

[67] 管志道:《直陈紧切重大机务疏》,《明经世文编》卷三九九。

[68] 冯琦:《答吕新吾方伯》,《明经世文编》卷四四○。

[69]《明神宗实录》卷八六,万历七年四月乙未条。

[70]《明孝宗实录》卷二四，弘治二年三月癸未条。

[71] 陆光祖:《复湖广巡抚李祯肃吏治以奠民生疏》,《明经世文编》卷三七四。

[72]《崇祯长编》卷三九，崇祯三年十月戊辰条。

结论

在对明代都察院主要官员及相关制度具体论述的基础上，我们作一总结性的论说。

一、明代都察院的特点

自西汉末以迄明初，御史台之制相沿不变。都察院监察体制为明代首创，对明王朝社会发展进程，产生了多方面的深远的影响，其许多方面还为清王朝因袭、仿效或借鉴。明代都察院的特点，主要表现为下述诸方面：

1. 正官与属官即都御史和十三道监察御史隶属关系不太紧密。都御史对监察御史有督率之责，负责奏请点差与回道考察，然十三道监察御史“独不系都察院”，都御史与监察御史之间可以且必须互相纠弹。

2. 都察院与六部并重，地位相埒，左右都御史与六部尚书权均势等，并称“七卿”，分掌国家政务、监察，此为前代所无。

3. 都察院设官，员额多，差派广泛，不仅负责监督纠劾中央机关及其官员，而且还对地方政治、经济、司法、军事等一切活动直接行使监察权。地方监察官成为承行之官，其监察权被大大削弱。

4. 都御史总督巡抚之制，是都察院监察体制的重要组成部分。通过广泛而且制度化地委派都御史总督巡抚，明王朝加强了对地方的政治控制，确立了以文驭武的军事体制。总督巡抚都御史，在明代“都御史—内臣—总兵官”结构的镇戍制度及其演变过程中，居有突出的地位。

5. 明代统治者效法秦汉制度，遣监察御史巡按地方。巡按御史“代天子巡狩”，威权重，职责大，为一方吏治、法治之所系。但御史巡按制度带有严重的制度缺陷。

6. 宪臣重叠委派。在都御史总督巡抚之制确立以前，为了加强对地方的控制和监督，巡按御史的派遣，为事所必须。待都御史总督巡抚之制确立后，地方有总督巡抚都御史监临纠察，特殊事务又派专职御史督察办理。这样，巡按御史在事实上成为冗官。明朝中后期，御史巡按制度弊端丛生。所以清初曾派御史巡按，不久即罢遣。从制度上看，有其合理性。

此为都察院特点之大要。除此以外，当然还有其他方面。如南北两院之制，十三道与六科并为言官，皆包含特殊的内容。

监察机构是封建国家维护其专制主义中央集权统治的工具，从上述诸方面可以看到，明代中央集权政治比前代大为加强。从坐院都御史到总督巡抚都御史，从守院御史到在外各差御史特别是巡按御史，耳目广布内外，宪臣遍及全国，真可谓天罗地网。不仅如此，坐院都御史通过参预主察官员、谳鞫大狱、督理京营等活动，对吏部、刑部、兵部、都督府等军政机关实行牵制和制约。尤其是总督巡抚都御史及巡按御史广泛地制度化派遣，则直接把地方的行政、军事、监察大权收归中央。所有这些，都是明王朝极端专制主义中央集权政治的反映。

二、都察院的地位和作用

都察院作为明王朝中央监察机关，享有广泛的监察权、议政言事权和对实际事务的执行处理权，在明代政治生活中占着举足轻重的地位。明初，朱元璋立法创制，实行中央和地方制度的变革，五府、六部、地方三司等军、政机关行事彼此颉颃、相互牵制。唯都察院行使监督纠劾职能，从制度上讲不受其他机关的制约，对百官有司的不法行为皆可纠弹。中期以后，随着各种社会矛盾的激化，地方政治和军事的废弛，明王朝为了加强对地方的统治，在广泛派遣御史巡按的同时，又大规模地委派都御史总督巡抚。都察院的组织扩大了，权力和职能得到进一步强化和扩张，其影响逐渐渗透到社会的各个领域。

然而，纵观有明一代，从总体上来看，都察院并没有能够真正有效地发挥其纠弹不法、维护封建纲纪法度的作用。其主要表现有两点。

第一，都察院行使监督纠劾权力，前提条件是在皇权的支持下，取得相对独立的地位，其他任何政治势力不得掣肘。但是，由于宦官专权乱政，内阁势力膨胀，都察院在行使职权的过程中不仅受到宦官势力的干扰和破坏，还受到内阁的牵制和阻挠。自正统始，坐院都御史权势日趋下降。嘉靖以后，更是威风扫地，依附、奔走或自保已不暇，何谈振肃纲纪。从十三道监察御史看，正德以前，在明王朝的开创期和腐化期里，虽也受到其他政治势力的影响，但基本保持其政治上的相对独立性。其后，发生了根本变化。纠弹言事，“承意旨于政府，效搏噬于权珰”。[1] 在明末党争中，另立门户，党同伐异，有一些人甚至站在腐朽反动的阉党和非东林党人一边，打击具有一定正义性、进步性的东林党人。至此，则更与其纠弹不法、维护纲纪之本职背道而驰。

其二，在外总督巡抚都御史、巡按御史及其他专职御史担负着整饬地方之责。巡按御史与巡抚都御史所系尤重，他们考察举劾官吏，绳愆纠谬，激浊扬清，为地方吏治民生、治乱安危之所关。但是，从总体上看，他们并没有真正勉于职守，秉公执法，相反却擅作威福，贪赃枉法，举劾惟贿是视。执法之官率先坏法，已不正何能正人？如此，人皆效尤，有司官吏唯求贪墨以奉上，不知守正以安民。结果纲纪大坏，法度紊失，“吏治日偷，民生日蹙，而国亦遂以亡矣”，[2] 赵翼的看法是有道理的。

监察机构是整个封建机体的一部分。专制主义是明王朝国家体制致命的毒瘤，为维护这一体制而建置的都察院，自然也存在着种种痼疾，以致其很难有效地发挥监控调节、振纲肃纪的职能。医不自治，问题的症结就在这里。

注释：

[1]《明史》卷一八〇，《张宁等传赞》。

[2]《廿二史劄记》卷三三，《明初吏治》。

后记

我的博士学位论文《明代都察院研究》就要出版了，感到有些话还应当说一说。

人生是人的全部际遇机缘的总和。人生中的大事，是由其重大人生际遇促成的。《明代都察院研究》的写作和出版，关乎我的整个人生，也是许多际遇机缘共同作用的结果。

最大的际遇和机缘，是我生活在一个伟大的国家和伟大的时代。我的祖国，地域辽阔，历史悠久，在人类文明发展进程中，其时空组合积淀的文明成果和在世界历史上所占比重，无疑高居世界各国之首位。我的博士论文研究的明王朝，也是当时世界上国土面积最大的国家之一，存在时间长达 277 年之久，其政治军事变革之波澜壮阔、经济文化之繁荣昌盛，在世界帝国历史上是很有地位的。我生活在人民中国，生活在建设富强民主文明和谐美丽的社会主义现代化强国的时代，人民至上的历史哲学和价值伦理，为我们研究古史，剔除其封建性的糟粕，吸收其民主性的精华，从我们前人的足迹中，把握国家盛衰兴亡之规律，鉴戒得失成败，寻求我们今天前行的智慧和力量，提供了最正确最坚实的前提和保障。

与导师许大龄先生结缘，是我人生中莫大福分。先生为学，严谨细致，精益求精；先生育人，循循善诱，不知倦怠。记得有一次和先生聊天，谈到桂林独秀峰。先生说，读书做学问，不能像独秀峰，要像埃及金字塔，根基牢固，气势磅礴，格局远大。先生之教诲，使我受益终生。

家庭是人生第一际遇。我的父母敦厚勤劳，善良正直，他们教导子女要好学上进，谦虚谨慎，规规矩矩做事，老老实实做人。如今他们都已辞世，谨以此书寄托儿子对他们永远的爱恋和思念。

遇上一个好妻子，是一个男人一生中最大的幸福。我的妻子刘英，品格端方，虑事严谨，看待问题客观公允，常常为我纠偏纠谬。这次出版《明代都察院研究》，她付出了很多辛劳，是立了大功的。她帮我打印全部书稿，反复校对。对她的帮助和支持，我感激不尽！

我在求学的道路上，有幸遇到很多良师益友，仅与此书密切相关的，就有刘重日先生、张显清先生、韩大成先生、毛佩琦先生、袁良义先生、余大钧先生、张传玺先生，王天有先生、徐凯先生、张帆先生等等。在《明代都察院研究》的写作、修改和论文答辩过程中，他们给了我有力指导。在此，谨向他们和所有帮助过指导过我的师友们，致以最崇高的敬意！

最后，我要特别感谢中国出版集团研究出版社赵卜慧社长，感谢丁波副社长、副总编辑，以及本书责任编辑寇颖丹老师，感谢上海古籍出版社的吴旭民先生。你们的关心、指导和帮助，是激励我更好前行的力量。

对书中缺略、错误及固陋不足之处，恳请读者们批评指正。

陆振兴

2021年8月21日